仕事の基本

これだけはおさえておきたい

「仕事の教え方」

関根雅泰

日本能率協会マネジメントセンター

はじめに

あなたの職場に新人が入ってきます！

後輩ができてうれしいでしょうか？　それとも、ＯＪＴを仰せつかって少し気が重いでしょうか？

でも、新人は、あなた以上にドキドキしていますよ！

仕事を教えてくれる人がどんな人なのか？　気が合う人だろうか？　やさしい人だろうか？

そしてなによりも、

仕事をしっかり教えてくれるだろうか？　と。

仕事を教えてくれる人の能力次第で、新人のその後の成長度合いは大きく変わってきます。つまりその人の人生まで変わってきます。

まさに、仕事を教えるＯＪＴは、**新人の運命の鍵を握っているようなものです。**

本書は、新人を一人前にするために「何をすればよいか」を具体的なところまで踏み込んで解説しています。職場での教育方法や、ＯＪＴに関する書籍はほかにも出版されていますが、多くは理論に関する説明に終始したものです。「仕事を教える」ことを戦いにたとえるのは失礼ですが、本書はそういった「戦略論」にとどまらず「戦術面」にまで踏み込んで書いています。

私は、「教え上手になる！　ＯＪＴ指導スキル研修」など、仕事の教え方、学び方という分野で広く研修を行っていますが、そこで多くのビジネスマン、教育担当者と情報交換をする機会があります。本書の執筆にあたって、その方々の生の成功事例も取材させていただきました。**通勤中に読んで、出社後、即使える内容になっています。**

また、ただ目の前の仕事を覚えるだけでなく、新人が自ら学んで行動できるようにすることを目標にしていますので、実践していくうちに、皆さんの手はかからなくなるはずです。そして、新人の成長ぶりに、あなたの上司からも感謝され、あなたの育成能力は高く評価されることでしょう。
本書を読んだ多くの方が、後輩に「一生感謝される」ことを願っています！

関根雅泰

2007年2月

これだけはおさえておきたい仕事の教え方／もくじ

第1章 人に教える前に、これだけは知っておく

第2章

口には出さないが、新人はこう思っている

第3章

教え上手は必ずやっている、効果を高める技術

第4章 教え方の王道をマスターする

第5章
相手のタイプによって教え方を変える

第6章

こんなシーンはこう教える
―業務別上手な教え方

第1章

人に教える前に、これだけは知っておく

仕事を教えるノウハウやテクニックを学ぶ前に、これだけはおさえておいてほしいという考え方を本章では解説します。ここに書かれていることを十分理解しておくことが、「教え上手」への近道になります。

新人には、学び方を教える

仕事を教えるとは、学び方を教えること

新人を教える際の最終ゴールは「学び上手な人材」の育成です。私たちがいちいち教えなくても、自ら学び成長してくれる。そういう自立・自律型人材を育てていくのが、教える側の最終ゴールです。そのためにも、教わる側が「なんでも教えてもらえる」と依存心を抱いたり、受け身の姿勢になったりしないように注意して教える必要があります。相手が学ぶことを手助けする。それが、本当の教え上手です。

よくないのは、ただ知識や仕事の進め方を教えることに注力してしまっているケースです。こうなってしまうと、毎日教えることが数限りなく発生し、その労

力のわりに新人が一向に戦力化しません。しまいには、「いい加減自分で考えてくれ」とさじを投げるような態度をとって、新人との信頼関係を壊してしまうこともあるでしょう。「仕事を教えるのは一筋縄にはいかない」「仕事を教えるということはなかなか疲れる」と感じる人は、多くがこのパターンに陥ってしまっていると考えられます。

新人を一人前にするとは、担当してもらうべき仕事を完全に任せられる状態にするということですが、これは、**自分でPDCA（Plan—Do—Check—Act）を回せる状態と言い換えることができます。**

自分で考え行動できるビジネスパーソンは、PDCAを自分で回せる人材です。自分で目標・計画を立て（Plan）、実行し（Do）、振り返り（Check）改善行動を行う（Act）というふうに、自分で仕事を管理しPDCAを回しています。

先輩が新人に教えるべきなのは、このPDCAを回す思考パターンそのものなのです。そしてそれを側面から支援し、新人のうちからPDCAが回せるようになることを目標に習慣づけをしていくのです。

この習慣を身につけると、新人は次第に、**教わる人からの情報だけでなく、自らに入ってくる情報すべてから判断するようになります。これが「学び上手」です。**こうなると、教える側もいちいち指導する手間はなくなります。

教え方もPDCAを意識する

これを実現するためには、教え方にもＰＤＣＡを意識することが必要です。教える前にどうやってやるかを本人に考えさせる（Ｐｌａｎ）、やらせてみて（Ｄ

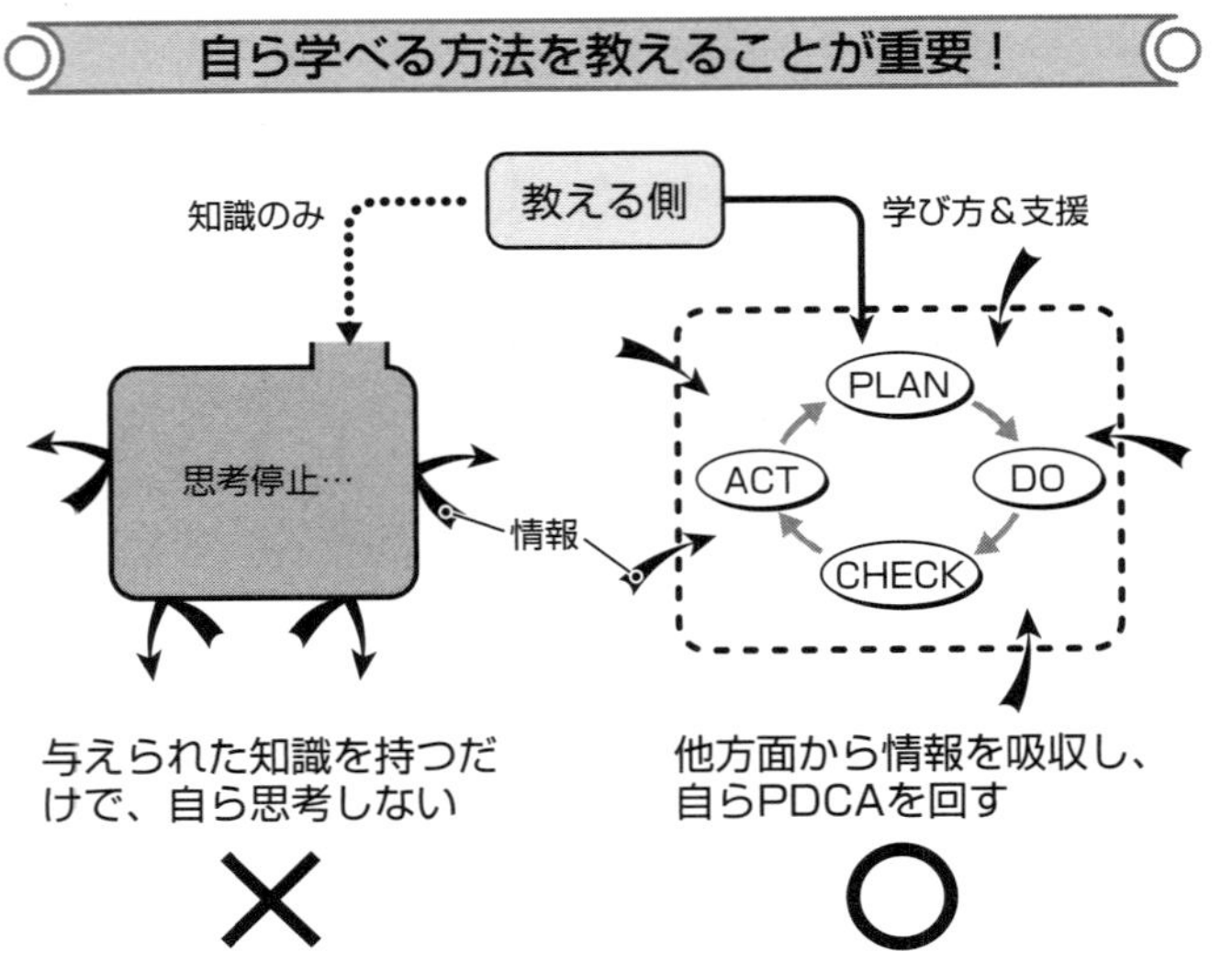

自ら学べる方法を教えることが重要！
教える側
知識のみ
学び方＆支援
思考停止…
情報
PLAN
DO
CHECK
ACT
与えられた知識を持つだけで、自ら思考しない
×
他方面から情報を吸収し、自らPDCAを回す
○

o）、その結果を評価する（Ｃｈｅｃｋ）、次に何をするのか（Ａｃｔ）本人に考えさせるという「質問型コミュニケーション」を通して、自分自身がＰＤＣＡを回せるよう手助けするという方法です。

また、その指導法の中に、教わる側からの報告・連絡・相談（ホウレンソウ）を確実にすることも忘れないでください。仕事は組織で進めるものですから、報告・連絡・相談が必要です。新人には、何かをやる前には相談させ、やっている時とやった後に報告・連絡させることを義務づけます。

ココがポイント！

・新人に教えるべきなのは「ＰＤＣＡの回し方」
・教え方にもＰＤＣＡを意識し、ホウレンソウを徹底させる

「学びスイッチ」をONにしないと始まらない

まず、「3つの要素」を満たして信頼関係を築く

職場に新人が入ってきたとき、何を差し置いてもまずやらなければならないこと。それは「信頼関係を築く」ということです。

当たり前のように聞こえますが、意識をして取り組まないと忘れがちです。

会社での「教える人」「教わる人」は、学校や自動車教習所とは違います。学校や自動車教習所であれば、教わる人は「学ぶ立場」を十分認識して入学してきています。そして教師や教官に対して「この人から教わる」ということも認識しています。

ところが、会社ではその立場がそれほど明確ではありません。まず、「パートナーとして信頼できる人かどうか」「うまくやっていけそうか」というところが関心事になるのです。いくら教えていることが正しくても、「この人からは教わりたくない」と思われてしまったら、何を教えても身につくことはないでしょう。

相手と信頼関係を築くには「3つの要素」を満たす必要があります。「共通点」「姿勢」「能力」の3つです。

相手との共通点を探す

人は自分と共通点がある相手に対して、親近感を抱きます。私たちもよく経験することですよね。共通の趣味、似たような考え方、同郷の出身、共通の知人など、自分と共通点がある相手に対しては、急に親しみを感じて安心感を覚えます。

この共通点を見つけるということ。言葉では簡単そうですが、実際にやってみると難しい場合もあります。年が離れた新人を相手に教える場合は特にそうかもしれません。大事なのは、共通点を見つけ出そうとする努力です。そのためにも普段からいろんなことを話したり、飲み会などのコミュニケーションをとったりすることも必要になるでしょう。相手のことを理解しようとする姿勢を示さない限り、相手からの信頼は得られません。

「姿勢」と「能力」を前面に押し出す

教わる側は、私たちの「姿勢」と「能力」を見ています。「姿勢」とは、私たちの教えることへの熱意や真摯さです。

- **一生懸命教える気があるのか？**
- **自分にどれだけ真剣に向き合ってくれるのか？**
- **こちらの身になって考えてくれる人か？**

教わる側は常にこういう疑問を抱きながら、私たちを値踏みしています。それに対して、私たちが多忙さを理由に新人の相手をしなかったり、適当にお茶を濁す程度の教え方をしていたりすると「この人は、真剣に教える気がない」と思われ、信頼を失ってしまうのです。

また、教わる側は、少しでも自分より能力のある人から教わりたいと考えています。「能力」とは、私たちの知識・経験・対応などです。教える内容もそうですが、教え方（説明の上手さ、質問への対応など）についても能力を見られます。**教え方が下手だと「この人はできる人ではないな」と見られ、教わる側が教わる気をなくしてしまうのです。**私たちが完璧である必要はないのですが、相手はこちらの能力を見ているという点だけは頭に入れておく必要はあります。

「できる人が、親身になって教えてくれようとしている」という状況をしっかり演出することが、教わる側の「学びスイッチ」を入れる第一歩となるのです。

ココがポイント！

・なによりもまず、教える相手と信頼関係を築く
・共通点を見つけ、姿勢と能力をしっかりと見せる

「バタバタ」「イライラ」「あやふや」「プライド」を取り除く

仕事を教える際に障害となる４つの要因

新人に対してスムーズに仕事を教えることを妨げる４つの要因があります。それは「バタバタ」「イライラ」「あやふや」「プライド」です。

要因1 「バタバタ」……忙しくて教える暇がない

教える側にとって大変なのは、通常業務に「教える」という仕事がプラスされる点です。自分の仕事は今まで通りこなしながら、その一方で新人の面倒を見なくてはならない。でも、忙しくてなかなかゆっくり時間がとれない。出張続きでそもそも話す機会もない。これでは、仕事をしっかり教えることはできません。

また、こういう態度を新人に見られてしまうと、新人は「どうせ自分に対する教育は二の次なんだ」と失望し、仕事に対するモチベーションも、仕事のパフォーマンスもあがりません。

これらを解決する一つの方法として、26ページで説明する「チームで教える」という方法があります。

要因2「イライラ」……要領の悪さに耐えられない

忙しい中で教える時間をとっても、相手のもの覚えの悪さや要領の悪さにイライラすることもあるでしょう。他人に仕事を教えるのはとても手間がかかるものです。時間もかかります。自分でやってしまった方が早いこともありますから、イライラするのは当然でしょう。

「何でこんなこともわからないのか！」「要領が悪すぎる」とイライラしてしまうのは、自分を基準に考えているからです。相手に期待を寄せるのは大切なことですが、あまり期待し過ぎないようにもしましょう。教える相手は、自分とは違う人です。いろんな人がいます。**相手に自分と同じ水準を求めないようにしま**

しょう。人に教える際に最も求められるものは「根気」です。

要因3「あやふや」……教えるだけの自信がない

「自分には人に教えられるだけの力がない」「人に教えるなんてまだ早い」などと考える人も多くいます。このような態度で新人に接するとき、教えることが「部門の決まりごと」なのか、「教える人個人の所感」なのかがあやふやになることがあります。このような指導や指示が、教わる側にとっては一番やっかいで、正直、何を正しいものとして仕事を進めればよいのかわかりません。

教える側は完璧である必要はありません。教える側としては自分にわからないことは、わかる人に聞くように教えてあげればよいのですから。

要因4「プライド」……間違えた、とは言えない

自信をもって教えていたことが間違っていたり、新人と同行した訪問先で失敗したり、質問されたことに答えられなかったり。考えるだけで「はずかしい～」と思ってしまうことは、教える場ではよくあるものです。

そういうとき、自分のプライドが邪魔をすると、失敗をごまかす態度をとってしまうことがよくあります。新人はその場は納得したような顔をするでしょうが、内面では教える側を疑うようになります。「この人は、間違いを認めない」「プライドだけ高い」と、こちらに対して不信感を抱くようになります。そうならないためにも、そのときはつらいかもしれませんが、間違いや失敗を認めることです。**「ごめん、間違えてた」「自分もまだまだ勉強不足で」とひとこと言えば済むことです。**素直に謝れる先輩を、新人は見直します。「この人度量があるなあ」赤っ恥体験を、さらなる信頼関係の強化につなげましょう。

ココがポイント！

・教えるときには、「バタバタ」「イライラ」「あやふや」「プライド」を取り除くように心がける

チームで教えることを考える

全部を抱え込まない

教える立場になったとき、責任感の強い人は、自分一人で全部を教えようとしてパンクしてしまうことがよくあります。言い方はよくありませんが、案外ちゃらんぽらんな人のほうが、後輩指導が上手、というケースもあります。

自分の本来の仕事に加えて、後輩にすべて自分一人で教えることは大変です。多忙さもありますし、教える内容の得手《えて》不得手《ふえて》もあるでしょう。教えることの重圧と仕事量で、自分自身がつぶされてしまっては困ります。

このようなことのないように、上手に他人の力を借りながら教える技術を身につけることが重要です。

「教えサポーター」をつくっておく

他の人からも教えてもらえるよう「教えサポーター」をつくっておくと効果的です。自分が先輩として教えるのならば、上司や同僚、他部署の人間の協力をとりつけます。心理学者の多湖輝教授も複数で教えることにより、教える内容に客観性と補完性が生まれるという事例を紹介しています。

「あの人は～が得意」「この人からは～が学べる」と、こちらのほうで大体のめぼしをつけておきます。 そのうえで、教える内容と目的によって、サポートをお願いする人を選ぶのです。

特に伝票の書き方など、事務処理系の仕事は、頻度の高いものであれば自分も熟知しているでしょうが、頻度の低い処理などは、教える側も

身近にいる「教えサポーター」

教える内容	適任者
PC・ソフトの使用方法	PC の扱いが得意な人
伝票の書き方、提出フロー	事務管理系の担当者
プレゼンテーションの方法	プレゼンテーションが得意な人
社内規定、残業規定など	人事・総務部の担当者
読んでおくとよい本	部門長など

うろ覚えであることがあります。これらは、**その道のプロである事務管理の担当者に少しの時間をもらって、きっちりレクチャーしてもらうようにすると、自分の知識も整理できて有効です。**

ただし、当然そのための根回しは必要です。いきなりお願いしても、相手も多忙でしょうから断られます。できれば新人が入ってくる前から、受け入れ態勢をつくる意味でも、教えサポーターにいろいろ話をしておくとよいでしょう。

気をつけないといけないのは、教えサポーターから「こいつは教えることから逃れようとしている」と思われないようにすることです。「あくまでもメインで教えるのは自分である。そのサポートに少し協力してほしい」というスタンスで、相手の協力をとりつけましょう。

空き時間を利用して「職場インタビュー」をさせる

新人が職場の人と話をしやすい雰囲気をつくるために「職場インタビュー」をさせるのも有効です。先々教えてもらいやすくするために、話ができるきっかけを与えるのです。

自部門だけでなく他部門の仕事内容や、会社全体の理解にもつながります。「どんな仕事をしているのか？」「新人である自分との関わりは？」など、本人に質問を考えさせたうえで、インタビューをさせます。入って間もない頃、特にやらせる仕事が見当たらない時期に「職場インタビュー」をさせると、時間の有効活用につながりますし、周囲との人間関係構築や職場の雰囲気理解につながり効果的です。忙しくなってくると、こういうことをやっている時間がなくなりますから、出だしが肝心です。

ココがポイント！

・一人で抱え込まず、チームで教えることを考える

ティーチングとコーチングを使い分ける

新人には「考え方」と「考える材料」を与える

教え方の基本は「質問型コミュニケーション」です。質問を通して相手に考えさせ行動を促す。同時に私たち自身も考え相手からも学ぶということが大事です。

ただ、質問をしてもなかなか考えられない人もいます。新入社員や未経験者です。学生時代から正解を与えられることに慣れていますし、そもそも考えるだけの情報をもっていないケースもあります。**本人に考えさせるには、ある程度考える材料と考え方を教えてあげる必要があるのです。**たとえば、材料もない、調理の仕方も知らないでは、料理をすることはできませんからね。

コーチングが効かない場合もある

新入社員や未経験者にコーチング（引き出す）的な接し方をしても、なかなか答えは出てこないものです。「どうやるって、どうやればいいんでしょう?」「考えろって言われても、どう考えればいいのでしょう?」となってしまうこともあります。そこで、ティーチング（教え込む）的な接し方も必要になります。「こうやるといいよ」「こういうときは、こうやってみてね」と、経験がない相手に対しては、最初のうちはティーチングで教え込みます。ある程度経験を積んで、考える材料が増えてからコーチングで引き出すのです。

それでも質問はする

ティーチング的な接し方といっても、こちらから一方的に教えるということではありません。こちらがやり方や考え方を教える前に質問を入れます。「君ならどうする?」ここで出てくる答えが的外れであることが多いので、その後ティーチングで情報を提供してあげるのです。最終的には自分で考え行動できる人材を育てたいわけですから、質問はティーチングの段階でも必要です。

質問型コミュニケーションで自分も学ぶ

よく言われることですが、人に教えることで自分が学べます。特に、質問型コミュニケーションをとっていると、こちらも勉強になることが多くあります。「あ、そういうやり方もあるな」「言われるまで考えつかなかった」と思うような答えも、相手から出てくるものです。

また、自分もやり方がわからないようなときにも、質問型コミュニケーションは有効です。

普段から相手に問いかける姿勢

ティーチングとコーチングの違い

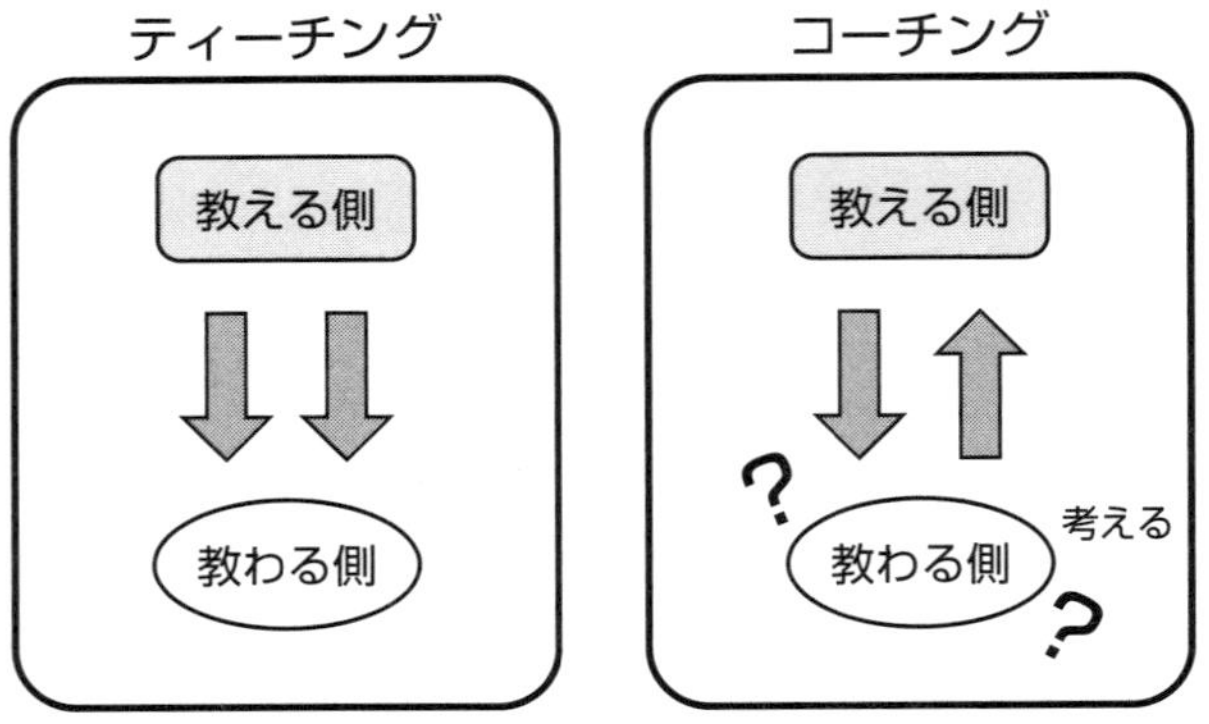

基本的な業務知識などを教え込む

双方向のコミュニケーションで相手に考えさせ，答えを引き出す

で接していれば、いざ自分もわからない状況のときも、自然に相手に訊くことができます。普段から断定的な接し方をしていると、相手に訊くことができなくなってしまいますからね。教える相手と一緒に学び成長していく。教えている人も、まだまだ学びの途上なのです。質問型コミュニケーションで、教える機会を自分の学びのチャンスととらえましょう。

ココがポイント！

・状況によってティーチングとコーチングを使い分ける
・質問型コミュニケーションで自分も学ぶ

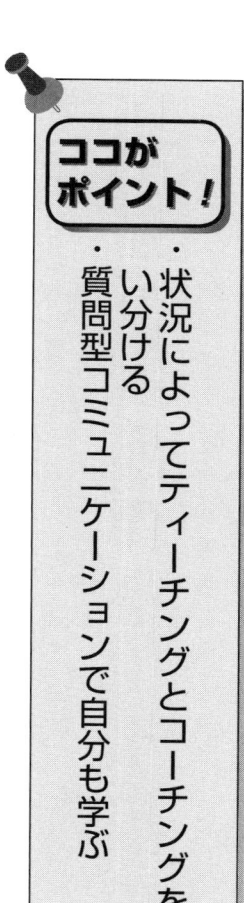

年の差なんて関係ない

新人といっても様々なケースがある

新人といっても、大学新卒ばかりとは限りません。他社や他業界で十分なキャリアを積んで入ってくる中途社員もいますし、契約社員や派遣社員として入職してくる人もいます。

また、業界の経験も様々です。契約社員や派遣社員の人の中には、その道では自分よりも長いキャリアをもっているという人もいますし、ベテランの中途社員でも、その業界のことに関してはまったくの素人、ということもあります。仕事を教えるための準備をするときなどでは、こういう様々なケースが発生することも想定しておくべきです。

何のために新人に仕事を教えているのか

若いうちは、年上の社員に教えたり、自分より経験量の多い人に教えたりすることにストレスを感じる面があるかもしれません。そういうときは、もう一度、自分の役目を考えてみてください。あなたのミッションは、「新人に、足りない社内知識とスキルを伝達して、仕事ができるようにする」ということです。そう考えれば、仕事がなかなか覚えられない人にも謙虚に接することができるはずです。

ココがポイント！

・教える側のミッションを再確認して、年齢差に関係なく、謙虚に対応する

第１章のまとめ

□ 新人に教えるべきなのは「ＰＤＣＡの回し方」

□ 教え方にもＰＤＣＡを意識し、ホウレンソウを徹底させる

□ なによりもまず、教える相手と信頼関係を築く

□ 共通点を見つけ、姿勢と能力をしっかりと見せる

□ 教えるときには、「バタバタ」「イライラ」「あやふや」「プライド」を取り除くように心がける

□ 一人で抱え込まず、チームで教えることを考える

□ 状況によってティーチングとコーチングを使い分ける

□ 質問型コミュニケーションで自分も学ぶ

□ 教える側のミッションを再確認して、年齢差に関係なく、謙虚に対応する

教える前に、まずこのことは確認しておこう！

第2章

口には出さないが、新人はこう思っている

新人は、新人なりにいろいろな思いをもっています。表に出てこないこれら新人の心理を知り、それに応じた教え方ができれば、「話のわかる先輩！」と思われること間違いなしです！

「話しかけづらい」

知らない人に話しかけるのは勇気がいるもの

まず、一番基本的なことから。よく知らない相手に自分から声をかけるのは勇気がいるものです。周りは皆忙しそうですし、声をかけるのをためらってしまいます。**変に質問して迷惑をかけてはと遠慮してしまうのです。**そんな状況で、ズバズバ話しかけてくる新人は、珍しい存在です。普通の新人は、なかなか話しかけてこないものです。

勇気を振り絞って、新人が質問をしてみても「何で今そんなこと聞くの？」という態度をとられたり、表情を見せられたりすると、恐ろしくてもう聞けなくなります。**「バカな質問をする奴だ」と思われたら、自分の能力が疑われますから、**

安易に質問できないのです。また何をネタに話しかけてよいのかもわかりません。

だからこそ、新人が話しかけやすい雰囲気をつくる必要があるのです。それは、こちらからの声かけであったり、質問されたときの笑顔と肯定的な対応であったりします。1日の終わりに、まとまって話を聞く時間をとってあげることも有効でしょう。

ココがポイント！

・気軽に質問できるような、話しかけやすい雰囲気をつくる

「新しい環境で心細い」

周囲からの評価が気になる時期

新人は心細さを感じています。慣れない環境、新しい人間関係、初めての仕事。そんな中で「自分はちゃんとやっていけるのか？」と、不安を感じているのです。かといってなかなか職場の人に相談はできません。「もうそんなこと言っているの？」と思われて、心配されるのが嫌だからです。逆に、職場の人の前では気丈に振る舞う新人もいるでしょう。

せっかく採用されたのですから、自分の存在価値を示したいという気持ちもあります。それが焦りにつながり、空回りしてしまうこともあるのです。「何とか職場に貢献したい」「皆に認めてもらいたい」と張り切りすぎて、逆にうまくいかないのです。

「自分は周囲からどう見られているのか?」「このままこの職場にいても大丈夫なのか?」「職場の一員として認められているのか?」こういう不安をもって、新人は日々を過ごしています。

だからこそ、新人の心細さを減らすような働きかけが必要になるのです。がんばっている様子を見てほめてあげたり、小さな成功体験を積ませたりすることも有効でしょう。**失敗してもとがめず、挑戦しようとした姿勢を認めてあげましょう。**小さな自信をつけさせ「がんばればやっていけそうだ」と思わせることが、最初の時期は必要になります。


ココがポイント!

・小さな成功体験を積ませよう

「新人の立場も考慮してほしい」

がんばっていることを少しは認めてほしい

新人は、自分達の気持ちもわかってほしいと思っています。新しい環境で必死に適応しようとしている自分。先輩達には及ばないけれど、自分なりにはがんばっている。そんな自分のつらさや苦しさをわかってほしいと思っています。覚えることが一杯で、頭もパンクしそう。それでも一生懸命やっている。少しは息抜きもさせてほしいと思っています。

教わる際も、なるべく専門用語を使わずにわかりやすく説明してほしいと思っています。**「何年もこの仕事をしているあなた方とは違うんですよ」と心の中で思っています。**教えるのが下手な人にあたった新人は悲劇です。「なんでこんなこともわからないの？」「簡単でしょ」教え下手な先輩は、新人のプライドを傷つけるようなことを平気で言ったり、態度で示してきたりします。自分のペースでどんどん説明してしまい、こちらがどれだけわかっているのかもお構いなしです。新人によっては、教える側に対して「あんただって、昔はできなかったでしょうに」と反発してしまうので、ますます素直に相手の話を聞くことができません。

だからこそ、教える際には新人の気持ちをくんだ教え方が必要になるのです。それは、彼らの大変さを気遣ったり、彼らにもわかりやすく説明したりすることです。第1章で見たように、教える際の前提は相手との信頼関係です。私たち教える側も大変ですが、彼ら教わる側も大変です。お互いの大変さを認めながら、相手が受け入れやすいように教えてあげましょう。

ココがポイント！

・新人の大変さを認める言動をとる

「もっとわかりやすく教えてほしい」

「わかりません」とは言いづらい

教えるのが下手な先輩や上司にあたっても、新人は文句を言えません。心の中では「何でこの人は、こんなに説明がわかりづらいんだ……」と思っていても、口には出しません。説明が下手な人は、えてして時間もかかります。「ちょっとだけいい？」と言っておきながら、実際のミーティングは、数時間を超えてしまうことなどザラです。疲れていても、新人から「もうやめにしませんか？」とは言えません。拷問のような時間が続きます。

口頭でバーッと説明されて「わかった？」と聞かれても、新人は困ります。教えている本人はよくわかっていることでも、新人にははじめてのことです。図解や文書もなく、説明されても頭の中に残らないのです。全体像を示してほしいと新人が思っても、説明が下手な先輩、上司は、枝葉の説明に終始してしまいます。「あなたにはわかるかもしれないけど、私にはわからないわよ」新人はイライラしてきます。

説明が下手な人に限って、相手の理解不足に文句を言います。「何度も同じこと言わせるな」「この前も説明しただろう」と、本人の説明が悪いにもかかわらず、こちらのせいにしてきます。もちろん、新人は何も言えません。「すみません……」どんどん自信を失い、仕事を覚えることもおぼつかなくなってきます。

だからこそ、わかりやすく教えるために「相手本位」で考える必要があるのです。いくら教えても相手が学んでくれていなければ意味がないのです。

ココがポイント！

・何もわからない人に教えていることを念頭に、わかりやすさを心がけて教える

「信用して任せてほしい」

半人前扱いはやる気を奪う

大事な仕事は自分でこなしてしまって、新人に任せようとしない先輩や上司も困りものです。「まだ、君には早いよ」「失敗したらことだからね。今回は私がやっておくよ」これでは、いつまでたっても、仕事を任せてもらえません。

仮に何かを任せてくれたとしても、「おい、あれどうなった?」「早く報告しろ」と、ことあるごとにせっつかれたら「信用されていないのでは?」と邪推することもありまし、常に監視されているようで息が詰まります。「わかってるよ。定期的に報告は入れているだろう」「少しは放っておいてくれよ」と思っても、口に出しては言えません。

積極性のある新人であれば、自分で時間を管理し段取りをたて、自分でコントロールして仕事を進めたいと思っています。彼らもいつまでも半人前扱いされたくはないからです。それなのに、任せてもらえないからやる気も出ないし、能力も伸びない。周囲から「彼はまだ独り立ちできないのか？」と、なかなか認めてもらえない。彼らの不満はたまる一方です。

だからこそ、私たち教える側は「信用して任せて欲しい」という新人の意欲に応えてあげる必要があるのです。1つの仕事を任せたり、彼らを前面に出して後方支援に回ったりなど、信用して任せてあげることで、彼らが力を発揮できるようにしてあげるのです。

ココがポイント！

・仕事を任せることも大事

「少しは息抜きしたい」

リラックスも必要

新しい職場に入ると、覚えることが山ほどあり、とても疲れるものです。そのうえ、知らない人ばかり。周囲からは好奇の眼で見られます。一日中緊張しているようなものです。精神的な疲労感は、体調はもちろん、新しい仕事に対するモチベーション、ひいては進退にまで関わってきます。このようなことを十分理解し、なるべくリラックスして仕事に向かえるように工夫したいものです。そのため、タイミングを見計らって、適度な休憩を入れる必要があります。

とはいえ、頻繁に休憩時間を入れることが許されない職場も多いでしょう。そういうときは、仕事の内容にも強弱をつける工夫が必要です。

自由裁量でできる仕事を挟み込む

新人に任せる仕事は、「何時までに仕上げて、私に提出して」というような、作業レベルの仕事が中心となります。このレベルでも、ストレスに感じる人はいます。**たとえレベルが低くても、「タイムトライアルの作業」だからです。**

こういう人たちをリラックスさせるためにも、自由裁量でできる仕事を間に挟みこむようにします。そして、期限は「一週間」「一日」「半日」というように、比較的長めに設定します。このような仕事は、時間配分を新人自身がすることになるので、タイムトライアルの恐怖からは開放され、リラックスさせる効果が期待できます。

ココがポイント！

・自由裁量の仕事を挟み込み、適度にリラックスさせる

「言うことがころころ変わる人は困る」

新人には特に明確な指示を心がける

「あの人は、言うことがころころ変わる」こういう先輩、上司についた新人は大変です。指示に一貫性がないので、何が本当に大事なのか、よくわからないまま仕事を進めなくてはいけなくなります。朝は「あれ、やっといて」と言っておきながら、昼になると「あ、あれやっぱりやらなくてもいいから」では、思いつきで言われているような印象を受けてしまいます。

同じことをしても、ある人に対してはほめ、ある人に対してはほめない。何を基準に判断しているのかわからない。こういう先輩、上司も困りものです。**新人にとっては、先輩、上司の些細なひとことが大きな判断基準になります。**それが揺らいでしまうのです。

その職場に長く居れば、暗黙の了解でなんとなくわかることも、新人にはわかりません。言葉通り受け取ってしまうのです。

だからこそ、新人に対しては、彼らが戸惑わないように明確な指示をしてあげる必要があるのです。何かをやれという指示を出したら、基本的には変更をしない。変更するとしたらその理由をきちんと伝える。「言うことがころころ変わる人」と思われると、新人から信頼されなくなります。


ココがポイント！

・新人に指示を出すときは、特に明確になるように心がける

「もっといい方法があるのに」

新人なりにいろいろと考えている

新人は、経験はゼロかもしれませんが、頭の中ではいろいろと考えているものです。「もっといい方法があるのに……」と、仕事の改善案を考えることもあります。しかし、**よりよいアイデアを思いついたとしても、それを新人から言い出すことは難しいものです。**納得いかないながらも、教えられたやり方でしぶしぶやってみます。案の定、うまくいきませんし、時間もかかります。「やっぱりな……」と思っても、言えません。

自分が考える別のやり方でうまくいったとしても、頭の固い先輩や上司に認めさせるのは大変です。職場で戦力として認められない限り、なかなか新しい提案などはできません。「仕事が半人前のくせに何言ってるんだ」と言われ、意見がつぶされることが多いからです。

職場に染まっていない新人だからこそ見える改善点も、だんだんと見えなくなってきます。その頃には、新人自身が新しい提案をしようとしなくなってきます。「どうせ言っても無駄」と考えてしまうからです。これは、職場にとっても、教える側、教わる側にとっても、非常に不幸な状態です。

だからこそ、「質問型コミュニケーション」で新人の考えを聞くことが大切なのです。こちらが思ってもいないような斬新な考えをもっている可能性もあります。まずは、新人がどう考えているのかを聞く。それによって、私たちも学べるのです。

ココがポイント！

・新人なりの案を聞くように心がける

第２章のまとめ

□ 気軽に質問できるような、話しかけやすい雰囲気をつくる

□ 小さな成功体験を積ませよう

□ 新人の大変さを認める言動をとる

□ 何もわからない人に教えていることを念頭に、わかりやすさを心がけて教える

□ 仕事を任せることも大事

□ 自由裁量の仕事を挟み込み、適度にリラックスさせる

□ 新人に指示を出すときは、特に明確になるように心がける

□ 新人なりの案を聞くように心がける

新人ならではの心理を理解して、モチベーションを高めてあげよう！

第3章

教え上手は必ずやっている、効果を高める技術

「教え上手」っていますよね？　実は彼らの教え方にはいくつかの共通した特徴があるのです。本章では、筆者が取材した中で抽出した、教え上手が共通して使っている技術をご紹介します。

準備に力を入れる

教える側、教わる側双方の準備をする

仕事を教えるのがうまい人は、仕事を教える前の「準備」に力を入れています。仕事を教えるだけのために、わざわざ準備までしなくてもと思いがちですが、ここに時間を割くことで、教える効果も格段に違ってきます。

教える前の準備には、教える側が自らする準備と、教わる側にさせる準備の2つがあります。

教える側の準備

まず、教える側の準備で留意することは、「目標設定」「指導の流れ」「教える

ツール」の3つです。

①目標設定

「今日は、どこまで説明するのか？」「どこまでできるようになってもらうのか？」という、ゴール（目標）を設定します。

教え下手は、あれもこれもすべて伝えようとするために、教わる側も消化不良を起こして、後日同じことを再び教えるはめになってしまうということもあります。その点、教え上手は無理をしません。「今日は、ここまで理解してくれればいいから」と、終わりをしっかりもっています。一日だけではなく、一週間、一カ月というそれぞれの期間で達成目標を設定しておくと、どこまでに何ができるようになればよいのかが明確にわかり、それを教わる側に示すことで、モチベーションを上げる効果も期待できます。

②指導の流れ

「今日はどういう手順、流れで教えるのか」を計画します。第3章で見る「教え方の基本ステップ」を使い、「まずは、お客様との接し方をやってみせてあげよう」「彼の感想を聞いたうえで、ポイントを説明してあげよう」などと、おおまかな流れを考えます。最初に決めた目標に向けて、どうやって進めていくのかを、ざっくりとイメージするのです。

③教えるツール（道具）

教える際に使うツール（資料や道具）を事前に用意しておきます。お客様の引き継ぎであれば、今までの営業日報をプリントアウトして準備しておいたり、工場であれば、新人にとってわかりやすいように道具を整理整頓しておいたりというようなことです。教えながらツールを探し始めるのは、時間の無駄です。

教わる側の準備

次に、教わる側にも準備をさせます。まず「心の準備」として「やってみよう！」という気にさせるために、その仕事の意義を説明したり、「話を聞こう」と思わせるために、まずは新人の話を聞いてあげたりします。こうして、教わる側の「学びスイッチ」をONにするのです。

また、単にだらだらと緊張感なく教わることがないように、「説明が終わったら復唱してもらうから、しっかり聞いてね」とか「今から説明することを、すぐやってもらうから、そのつもりでいてね」などと、心の準備をさせるのも手です。

一方で、「モノの準備」として、メモやノート、そして筆記用具を用意させます。仕事を教える前に「メモと筆記用具を用意して」とひとこと声をかけましょう。「そんなことまで」と思うかもしれませんが、先輩から声をかけられたとき、新人にとっては、これから仕事の進め方についての指導が始まるのか、それとも簡単な質問だけなのか判断がつきません。「メモと筆記用具を用意して」と声をかけることで、これから仕事に関する重要な指導が始まる、という心の準備をさせることができるのです。

ココがポイント！

・教える前の準備に力を入れる

適性を見抜いて教え方を変える

自分とは違うという事を認識する

人にはそれぞれ、向いている仕事の進め方というものがあります。仕事の覚え方についても同様です。なにはともあれ早く手を動かして覚えたいという人もいれば、必要十分な情報をもらってからでないと不安で動けないという人もいます。これらの適性を無視して、通り一遍の教え方で指導すると、教わる側はストレスがたまる割に効果が出ないということになります。

情報収集と観察で適性を見抜く

教わる側がストレスなく効果的に仕事を覚えるようにするには、適性を見抜いてそれに合わせた教え方にする必要があります。教え上手はこのコントロールがうまいのです。

まず、**入社にあたって面接などを行った人々に、どのような性格か、得意、不得意は何かを聞いてみましょう。**目的を伝えれば、正直に教えてくれるはずです。

また、はじめのその人の仕事の進め方を観察してみましょう。「抜けもれが多いが仕事は早い」「仕事は遅いが確実な仕事をする」「雑談が好き」「人に顔を覚えられやすい」「ＰＣスキルに長けている」など、さまざまな長所・短所が見えてきます。これらをほめ言葉などにも上手に活用しながら、それに向いた仕事を与え、自信をつけさせたうえで足りないところを改善させていく、という方法も考えられます。

ココがポイント！

・情報収集・観察などで適性を見抜き、それに合わせた教え方をする

成功イメージを抱かせる

成功イメージを持たせることでモチベーションを上げる

教え上手は、仕事を教える前に、相手に「成功イメージ」を抱かせるのが上手です。相手が「うまくいきそう」「自分にもできそう」と感じ、また「できるようになったら仕事が楽になりそう」「一人前に近づけそう」「仕事が楽しくなりそう」と思わない限り、なかなか主体的には動こうとはしてくれないものです。教え上手はこの部分のコントロールが非常に上手です。

「やるべきこと」と「その効果」を明確に伝える

新人にとって、新しい仕事を覚えるということは未知の領域です。どこまで、どれだけ覚えれば一人前といえるのか、見当もつきません。その中で毎日新しいことを覚えていかなければならないというのは、とても疲れる作業です。ここでくじけることのないように、指導にも気を遣いたいところです。

まず作業で「最低限やるべきこと」と「それによって生み出される効果」を、できるだけ明確に伝えることです。**欲を言えば、効果はなるべく「大げさ」に伝えましょう。**そうすると、教わる側もやりがいがグンとアップします。たとえば、「この書類さえ期限にきっちり出すように気をつければ、仕事の8割は終わったようなものだよ」などという具合にです。

ココがポイント！

・「やるべきこと」と「その効果」を明確に示して、成功イメージをもたせる

全体像を見せる

仕事の「果て」がどこまでなのかを見せる

前項で説明したように、新人には仕事の全体像は見えていません。また、毎日教わる仕事一つひとつについて、その重要度の軽重をつけることもできません。

このような学び方では、仕事を一通り経験し、さらに自ら俯瞰して考えるというプロセスを踏まないと、仕事の全体像をつかむことができませんから、非常に時間がかかります。こうならないために、彼らに今やっている仕事の全体像や、他の仕事とのつながりを示してあげるのです。全体像を示すことで、それぞれの仕事の意味を実感させることができます。教え上手は、この全体像を見せることがとても上手です。

「仕事マップ」で全体像を示す

新人が今やっている仕事の全体像を示す際に役立つのが「仕事マップ」です。仕事マップの書き方にはいろいろな方法が考えられますが、まず自分の覚えるべき仕事を一望するという意味では、下図のようなマップが考えられるでしょう。

ここに描かれたことの一部を、新人がやることになります。新人から見れば、**これから彼が覚える仕事の全体像が、このマップによってわかります。**

仕事マップをどのくらい細かく

「仕事マップ」の例

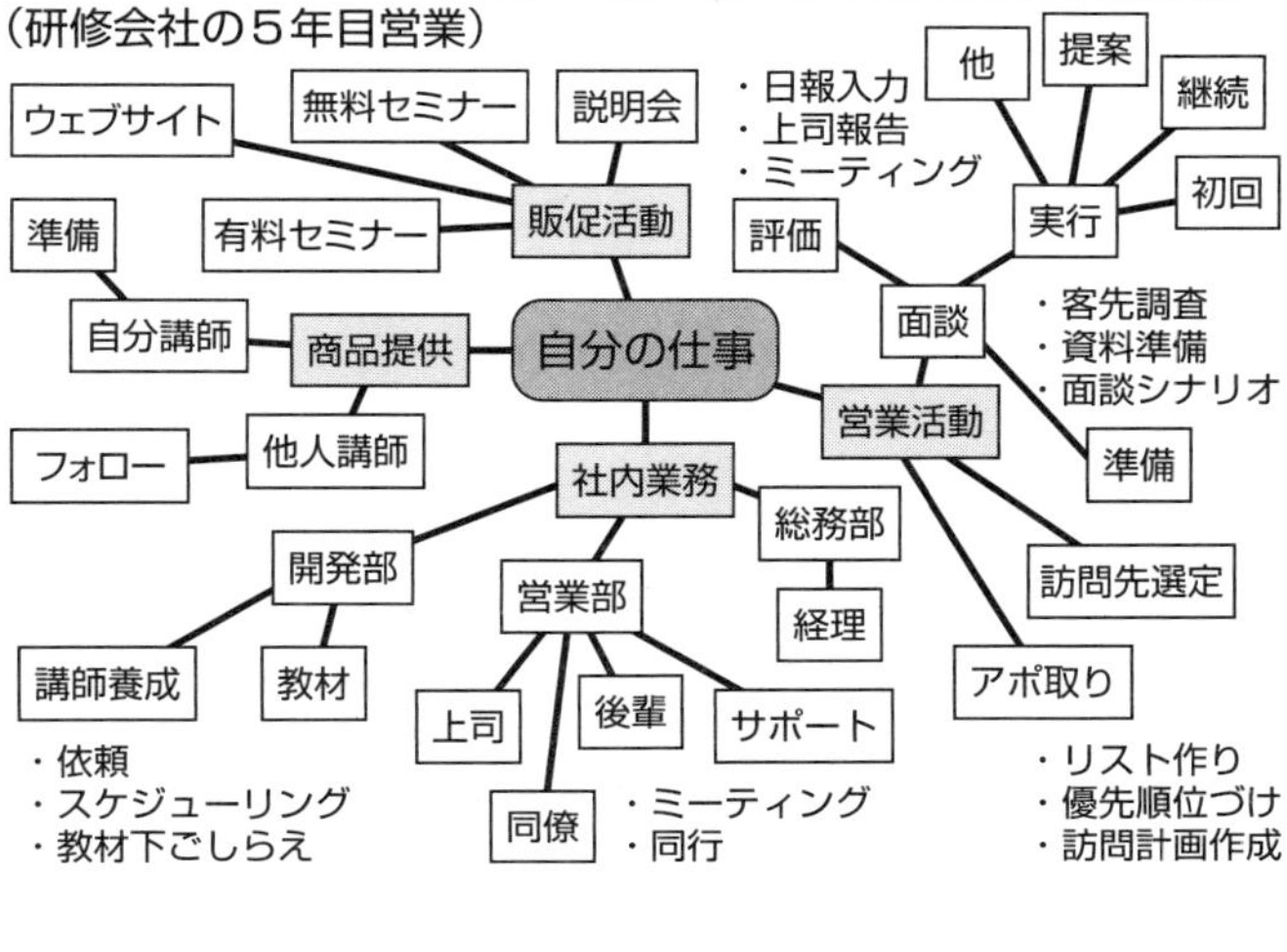

描けるかは、その人の仕事の理解度によって変わります。人に仕事を教える前に、まず自分の仕事を理解することが必要なのです。

とりあえず見せる

体の動きや所作を学ばせる必要のある仕事などでは、とにかくまず見せるということが、全体像を示すうえでは大切です。最初に詳しい説明はせず、とりあえず現場を見せる、やっているところを一通り見せる。場合によっては、そういうやり方も有効です。知識ではなく感覚として捉えてもらいたいときや、先入観をもたずにまっさらの目で見て欲しいときなどは、「とりあえず見せる」やり方で、全体像を示してあげるのです。

蟻の眼・人の眼・鳥の眼

ちょっと失礼なたとえですが、教わる側にとってまったく初めてのことを教わるときは「蟻の眼」で見ていると言ってよいでしょう。つまりすぐ近くのものしか見えていないという状態です。教える側は「人の眼」です。人が立ってものを見ているようなイメージです。ですから、蟻よりは遠くが見えますし視線も高くなります。そうすると、忘れてしまうのが、教わる側の目線です。「何でこんなこともわからないの？」「何でこれができないの？」とついつい思ってしまうのです。「相手はまだ蟻の眼で物事を見ているのだ」と考えれば、教え方も丁寧になります。

さらに教える側に求められるのは「鳥の眼」つまり俯瞰する視点です。物事の全体像、始まりと終わり、範囲など、細かい部分で説明されるとよくわからないことも、全体像を説明されるとわかるものです。

ココがポイント！

・仕事の全体像を見せる工夫をする

仕事のつながりを理解させる

組織内での位置づけや他部署との関連性を説明する

先ほどの「全体像を見せる」とも関連するのが、この「つながりを理解させる」です。自分の仕事は、組織の中のどの位置づけにあるのか、他の部署の仕事とはどうつながっているのか。教え上手は、このつながりを示すのが上手です。こうすることによって、やっていることの意味を理解させるだけでなく、新人の仕事に対する「有意義感」や「自己重要感」を満たしてあげることができます。

Ｗｈｙを伝える

新人に教える際に大切なのは「Ｗｈｙ（目的・理由）」を伝えることです。「何のための仕事なのか？」がわからないと、有意義感、つまりやる価値を見出せなくなるのです。**教え上手は「何のための仕事なのか」を明確に伝えています。**

それぞれの仕事のつながりが見えると、一つひとつの作業を丸暗記することなく覚えることができます。また、イレギュラーな対応が必要となる場面に遭遇したとき、元々の意味を考え柔軟に判断できる思考が育ちます。それだけでなく、今運用されている進め方に対して、こうすればもっとよくなるのではないかという改善の視点も育てることができます。

顧客とのつながりを示す

企業に入って仕事をするということは、シンプルに考えるとお客様からお金を頂くということです。これが大きな組織になればなるほど「社外のお客様」への意識が遠のく部署が出てきます。内向きの仕事や他部門との折衝が中心で、直接お客様と接する機会がない部署です。特に管理系の仕事ではそうなってしまいがちです。

お客様を意識する機会が少ない部署にいると、自分の仕事が社外や社会にどう貢献しているのかが見えづらくなることがあります。

たとえば、外部の目に触れる自社WEBサイト内の内容チェックという仕事があったとします。運用面だけを教えるということであれば、定められたチェック項目にしたがって内容をチェックすれば済むということになりますが、たとえば、「価格表示が紛らわしい」など、チェック項目に載っていない問題点に気づいた場合はどうでしょうか？

チェック項目に記載されていないようなものでも、**お客様に誤解を生まないように閲覧していただく、という元々の目的を前提で仕事を進めていれば、改善すべき点として拾い上げることができるでしょう。**ただ単に作業として考えてしまうと、「チェック項目にはない」として、そのまま放置される可能性もあります。

自分が今やっている仕事が、お客様にどう役に立っているのか？　社会に貢献しているのか？　顧客とのつながりを示すことが大切なのです。

他部署の人間と仲よくさせる

自部門の中だけにいると、組織における位置づけや顧客とのつながりが見えづらくなります。何年かいると、他部署に配属された同期からの情報や、いつもやり取りをしている他部署の人と話す機会も増えますが、新人にはほとんど機会がありません。だからこそ、教える側が、他部署の人間と新人が話せる機会を作ったり、部門横断的なプロジェクトに少し関わらせたりするとよいのです。

また、社内の研修に参加させるのも手です。他部署の人間と知り合う絶好の機会になりますし、日常業務を離れて考えることができるよい機会になるでしょう。

ココがポイント！

・仕事のつながりを見せる工夫をする

たとえ話をうまく活用する

相手の趣味や興味をチェックしておく

教え上手は、たとえ話が上手です。仕事の全体像やつながりを、比喩やたとえ話などを上手に使ってイメージさせることで、その後の説明を効果的に進めることができます。

上手なたとえを活用するためには、まず相手の趣味や興味をチェックしておくことが必要です。相手が野球に興味がないのに、野球のたとえ話をしても通じませんよね。教える相手の年代や趣味の分野などによって、当然使うたとえ話も変わってきます。もちろん、相手の趣味が、自分にとってはまったく興味のない分野であるかもしれません。中途半端な知識でマニアックなたとえ話を出すことは相手の嘲笑を買うことになりますから、こちらも十分に下調べをする必要があります。

たとえ話のネタは身近に転がっています。大事なのは「ネタにしよう」とアンテナを立てているかどうかです。相手が興味ありそうな分野に関して、自分のアンテナを立てておけば、自然と相手にわかりやすいたとえ話のネタも入ってきます。第1章の「信頼関係を築く3つの要素」（19ページ）でも見たように、相手との共通点も増えますから、信頼関係も強化されて一石二鳥ですね。

ココがポイント！

・わかりやすく説明するために、比喩やたとえ話をうまく活用する

プライドをくすぐる

誰にでもその人なりの経験がある

新しく入ってきた人は、確かにその職場や業界では、何もわからない素人かもしれません。しかし、だからといって「教えてやる」という態度では、相手も素直に受け入れられません。

教え上手は、その点、相手を乗せるのが上手です。ポイントは、相手がもっている「プライド」にあります。中途入社の新人であれば、前職でやっていた仕事があります。大卒の新入社員にも、アルバイトの経験や、仕事ではなくてもクラブ活動や、趣味で研究してきたような、詳しい部分をもっているはずです。このような、教わる側が「ここは負けない」と大切にしているものを尊重し、傷つけないようにしつつ、新しい仕事に対するモチベーションを刺激していくのです。

たとえば、学生時代に大学の交響楽団でチェロを演奏していたという人がいたとしましょう。

「大学時代にチェロをやっていたんだってね」

という投げかけをきっかけに、仕事と結び付けてもいいですし、それが難しいようであれば、休憩時間の雑談などで、

「私はその分野については全然知らないんだよ」

と教えを乞い、その分野については「教わる側」にまわるというのも手です。

ココがポイント!

・教わる側のプライドを上手にくすぐり、仕事に対するモチベーションを刺激する

第３章のまとめ

□ 教える前の準備に力を入れる

□ 情報収集・観察などで適正を見抜き、それに合わせた教え方をする

□「やるべきこと」と「その効果」を明確に示して、成功イメージをもたせる

□ 仕事の全体像を見せる工夫をする

□ 仕事のつながりを見せる工夫をする

□ わかりやすく説明するために、比喩やたとえ話をうまく活用する

□ 教わる側のプライドを上手にくすぐり、仕事に対するモチベーションを刺激する

教え上手の技術を上手に使って、効果を高める工夫をしよう！

第4章

教え方の王道をマスターする

本章では、いよいよ「質問型コミュニケーション」をベースにした「仕事を教える手順」を解説していきます。ここで紹介する「教え方の王道」は、様々な業界、分野で応用され実践されています。

教え方の基本フレームワーク

3フェーズに基本4ステップをあてはめる

本章では、仕事を教える際の段階を、時間軸で「やらせる前」「やらせる時」「やらせた後」の3フェーズに分けて考えます。この3つのフェーズに、教え方の基本4ステップをあてはめます。基本ステップは、①実演する②説明する③実行させる④評価するの4つです。3フェーズに当てはめて考えると、やらせる前に実演・説明し、やらせる時に実行させ、やらせた後に評価する、ということになります。

次のフェーズに進めていくポイントには、「わからせる」ことと、わかったかどうかの確認が必要です。また、これらのステップを推進していくには、「有意義感」「達成感」「自己重要感」の「三感」に働きかける必要があります。

「わからせる」とは

実演し、説明しても、相手がわかってくれなければ意味がありません。教える側は相手にわかってもらうために、様々な工夫をする必要があります。

また、教える側の不安として、相手がどのくらいわかってくれたのかが判別しにくいという点があります。そこで、どのくらいわかってくれたのかを確認する方法が「わからせる」という手法です。わかってもらったうえで、次のフェーズに移り、仕事を「知っている」レベルから「できる」レベルへと無理なく引き上げていきます。

「三感」で意欲を引き出す

仕事を教えるといっても、結局は相手あってのことです。相手が教わろうとしてくれなかったり、動こうとしてくれなかったりしたら意味がありません。そこで必要になるのが、相手の意欲を引き出すことです。意欲を引き出す方法に絶対のものはありません。人それぞれ価値観は違いますし、Aさんにうまくいった方法が、Bさんにもうまくいくかというと、そんなことはありません。ただ、意欲を引き出す方法として「三感で動かす」という方法は効果的です。「有意義感」「達成感」「自己重要感」の3つに働きかけるというやり方です。

質問型コミュニケーションが鍵

この教え方の基本フレームワークで鍵になるのが、相手との接し方です。

教える相手に対しては、主として「質問型コミュニケーション」が有効です。断定的に「こうやれ！」と決めつける接し方ではなく、**相手に問いかけ一緒になって考えていくような接し方が、教える側には求められます。**なぜなら、教える側の目標は「自ら考え行動できる人材」の育成だからです。そのためにも質問型コミュニケーションを使い、本人が自分で考える習慣づけを行う必要があるのです。したがって、16ページで説明したように、PDCAを意識することが必要です。

それでは次項から、各ステップについて、ケースを交えて見ていきましょう。

教え方の基本フレームワーク

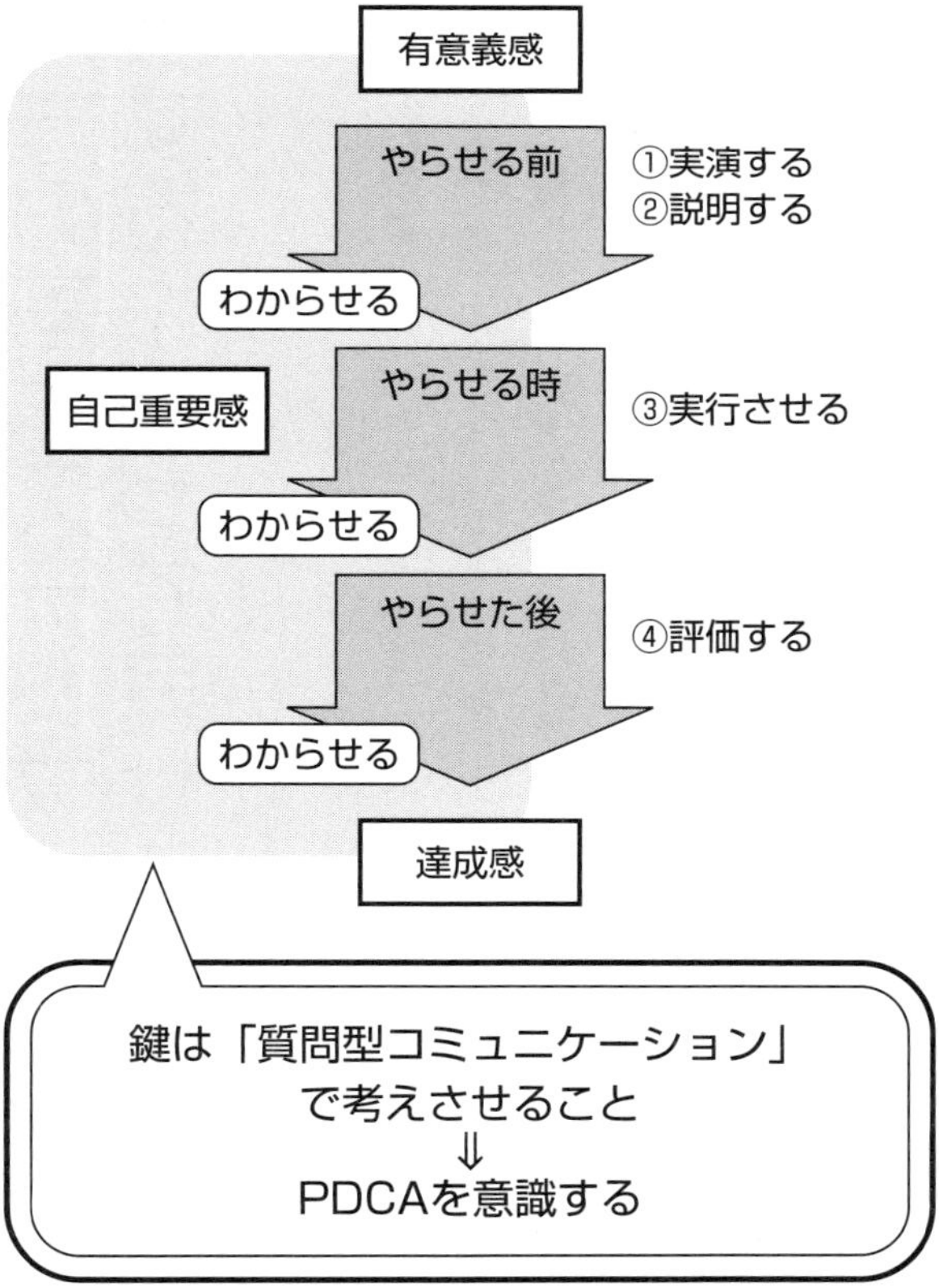

教え方の基本ステップ①
実演する～やって見せる

百聞は一見にしかず

仕事の教え方の第一ステップは「実演する～やって見せる」という方法です。口で言うより、見てもらった方が早いという場合によく使いますよね。お客様との接し方や、道具の扱い方など。教える側がまずやってみて、それを教わる側が真似する。現場見学や同行訪問を通して、教えるやり方です。

この「実演する」という教え方で注意すべき点があります。それは、ただ漠然と見せても、人はなかなか学べないという点です。勘のよい人なら、何も言わずに、やっている姿を見せるだけで、気づいてくれます。ただ、皆が皆そうだとは限りません。また、骨董屋が目利きを育てるときのように、何も言わずによいものを見せるというやり方がありますが、この方法は時間がかかります。私たちには、あまり時間がありません。悠長に育つのを待っている余裕がないというところも多いでしょう。

分解して見せる

そこで必要になるのが「分解する」という手法です。やって見せる際に、**どこを見てほしいのか「部分を提示する」のです。**「お客様と接するときの、この部分を見ておいて」「まずは機械のスイッチの入れ方と切り方だけ覚えておいて」といった感じで、部分だけを見てもらうようにします。

プロテニスプレーヤーの松岡修三さんは「身体をひねる」という動きを「まずは右足一本で立ってボールを打って」「次に左足を振ってボールを打って」と、動作を分解しながら教えています。

「ここを見てほしい」と、仕事を分解して説明できる人は、仕事がわかっている人です。ただなんとなく、深く考えずに仕事をしている人は、分解することはできません。「何でもいいから、とりあえず俺のやることを見てろ!」という教え方になってしまうのです。

100%完璧にやろうと思わない

自分がやって見せるというと「完璧にやらないといけない」「失敗したら恥ずかしい」と思う人も多くいます。本来は、相手の見本になるぐらい、上手にやって見せられるのが理想です。「やっぱり先輩はさすがだな」と思ってもらえれば、そのあと教えるのもスムーズになります。

ただ、「自分はそこまでできない」「自信がない」という人も当然いるでしょう。それはそれでよいのです。人間は完璧ではありませんから、思った通りにいかないこともあるものです。仮に失敗したとしても「あれは悪い例として学んで」とひとこと言えばよいだけのことです。

他人を使う

どうしても自分でやって見せることができないという人は、他人を使うというのも手です。「Aさんが～をするところをよく見ていて」「Bさんは～がうまいか

①実演する〜やって見せる

	スキル	留意点	トーク例
P	説明	・見てほしい点を伝える	「○○をよく見てくださいね」
D	実演	・百聞は一見にしかず ・伝えたい点を意識しながらやる ・100％完璧にやろうと思わない	
C	質問	・本人が気づいたかを確認する	「見てほしいといった点は見ることができましたか？」 「何か気づいたことはありますか？」
	説明	・実演内容の補足説明をする	「さっきは○○がポイントで…」
A	質問	・本人の行動に結びつける	「次に自分がやるとしたら？」 「あなただったら、どうやりますか？」

※　P＝Plan，D＝Do，C＝Check，A＝Act

らね」といった形で、こちらが解説しながら他人の作業を見せるというのもよいでしょう。職場には、プレーヤーとしては一流でも、トレーナー（教える人）としては三流という人もいます。あなたはもしかしたら、プレーヤーとして「やって見せる」レベルにはなくても、トレーナーとして教えるのはうまい人かもしれません。

また、ある手順についてはとても上手という人が現場にはいるものです。上手に他人を活用しましょう。

Good
Case

実演する〜やって見せる　模範例

営業担当者の斉藤さんが、後輩の清水君をつれて、お客様先に訪問します。清水君は、他業界からつい最近入ってきた中途採用の社員です。お客様先への移動途中、斉藤さんは清水君に話をします。

斉藤さん：「清水君は、前職はルートセールスが中心だったの？」

清水君　：「そうなんですよ。決まったお客様先への定期訪問がほとんどだったので、今回みたいに新規開拓ってできるかどうか不安なんですよね」

斉藤さん：「そうだよねぇ。僕も新規開拓は苦手だったよ。じゃあ、今日は新規のお客様の警戒心をどうやって解いていけばよいかだけ見ておいてもらおうかな。いきなりいろいろ考えても大変だろうしね。今日のお客様は初訪問なんだ。やるのは結構難しいんだけど、僕がどんな話題や話し方でお客様の警戒心を解こうとしているかをよく見ておいてくれないかな。警戒心が解けてくると、お客様の口はだんだんと滑らかになってくるから、そのあたりに注目して」

清水君　：「はい」

二人はそのままお客様を訪ね、面談をします。面談が終わったあと、昼食をとりながら、さっきの面談を振り返ります。

斉藤さん：「さっきの面談を見てどうだった？　お客様の警戒心をどうやって解いていったのかわかったかな？」

清水君　：「ええ！　さすが斉藤さんですね」

斉藤さん：「どんな点に気づいた？」

2人のやりとりは続きます。

実演する〜やって見せる 模範例「解説」

よい手本となっている

まず何と言っても「よい手本」になっているのがよい点です。実際に後輩に「やって見せる」場面で、よい手本を示すことができれば、後輩に成功のイメージをもたせることができます。「こういうのが上手な面談なんだ」「あやればいいんだな」と実感できます。

また、よい手本を示せるということで、教える側の能力も伝わりました。これから教えるときも「この人の言うことなら」と素直に耳を傾けさせることができるでしょう。

分解して提示している

お客様との面談という漠然としたものを「警戒心を解くための言動」にだけ着目させたのが上手ですね。しかも、警戒心が下がるとお客様がどういう言動を取るのか（口が滑らかになる）まで明確に伝えていたため、見る側にとっても観察しやすかったことでしょう。この相手の警戒心を下げるという点が、これから教わる側である清水君の一番の課題でしょうから、その観点からも非常にうまい教え方ですね。

事前の会話にも注目

「実演する」という本項目のポイントとは多少ずれますが、このケースの場合、「どういうお客様なのか？」「何を目的とするのか？」を事前に説明しているのもよい点です。また、清水君が営業経験者であることも認めています。**こうすることで清水君のプライドをくすぐり、モチベーションを上げる工夫もしているわけです。**仕事の意味がわかり、モチベーションも上がれば、彼なりの経験を生かして振る舞ってくれるでしょう。

教え方の基本ステップ②説明する～言って聞かせる

コップの大きさを量る

相手に説明して「言って聞かせる」場合、大切なのは相手の「コップの大きさ」を量ることです。

- 相手が理解できる分量はどのくらいなのか？
- どういう言葉を使えばよいのか？
- どのくらいのスピードで教えていけばよいのか？
- 今もっている知識や経験はどのくらいなのか？

それらを確認したうえで説明に入らないと、すぐにコップがあふれてしまいます。コップの大きさを量るために、説明の前に質問をして確認しましょう。「～についてどのくらい知っていますか？」「今まで～について聞いたことはありますか？」などです。

「このくらいは知っているだろう」「言わなくてもわかるだろう」と、こちらが思っていても、意外にそうではありません。一通り説明した後で「こんなことも知らないの？」と説明をやり直すのは大変ですから、最初に確認しましょう。

事前に質問を考えさせる

説明する前に、相手に質問を出させるのも、ひとつの方法です。特に、相手が中途採用や経験者の場合、一から十まで説明されるのを嫌がります。「そんなこと知っていますよ」と。そんなときは、本人に質問を考えさせ、それに答える形で説明するのもよいでしょう。また、**事前に資料を読み込ませて、質問を考えさせるやり方もあります。**自分が知りたい点だけ教えてくれるわけですから、教わる側の意欲も高まります。

説明の基本は「Ｗｈｙ・Ｗｈａｔ・Ｈｏｗ」

相手に仕事を教える場合、３つの要素を盛り込む必要があります。

Ｗｈｙ：なぜやるのか？　目的、理由、全体の中の位置づけ、など。
Ｗｈａｔ：なにをやるのか？　やるべきこと、内容、項目、など。
Ｈｏｗ：どうやってやるのか？　方法、やり方、ノウハウ、技法、など。

ここで特に大切なのが、「Ｗｈｙ」です。なぜその仕事をやる必要があるのか？　全体の中のどういう位置づけにあるのか？　ここをしっかり説明できないと、教わる側に「有意義感」をもたせることができず「やってみよう！」という意欲を引き出すことができません。

また相手によって、説明の仕方を変える必要があります。ティーチングで教える場合は、細かい具体的な説明が必要になるでしょう。経験がないので、考えさせようとしても答えが出てこないからです。まずはこちらから情報を提供してあげましょう。経験者に対するコーチングの場合は、目的など大枠を伝えたうえで、あとは本人が考えることを手助けするといった教え方になるでしょう。

すべてを伝えようとしない

教えていると気持ちよくなって、ついついいろいろ説明してしまいます。ただ、多くの場合、こちらが説明すればするほど、相手のコップから情報はあふれ出していきます。**相手はわかったふりをするかもしれませんが、こちらが期待するほど伝えた内容は残らないものです。**いきなり多くのことは吸収できません。「今日はここまで！」と、最初から説明しない部分を残しておくことも大切です。

②説明する〜言って聞かせる

	スキル	留意点	トーク例
P	質問	相手の現状を把握する	「〜について、どのくらい知っていますか？」「〜について質問はありますか？」
D	説明	・Why、What、How を意識して話す ・すべて伝えようとしない ・最初に全体像を予告する	「目的は〜で、やることは〜で、やり方は〜です」「ポイントは全部で３つあります」
C	質問	相手の理解度を確認する	「どのくらいわかりましたか？」「ポイントだけ復唱してもらえますか？」

ここまでのステップで、ひとまず「わからせる」わけですが、本当にわかったかどうか確認する必要があります。

「確認＋説明＋確認」で1セット

何かを説明する場合には、伝えっぱなしにならないように注意しましょう。こちらは一生懸命伝えたつもりでも、相手に伝わっていなければ意味がありません。相手がどのくらい理解してくれたのかを確認しましょう。説明する前に「コップの大きさ」を確認し、説明した後にコップにどのくらい情報が入ったのかを確認する。「確認＋説明＋確認」の3つで1セットです。

理解度を確認する方法

教える側が苦労することのひとつが「相手がどのくらいわかってくれたのか」がわからないという点です。こちらが、教え方の基本ステップ「①実演する」「②説明する」を使って教えた後、それがどのくらい伝わったのか、相手の理解度を確認する方法が、これからご紹介する3つです。

①口頭で言わせる

- 復唱させる「今教えたポイントだけでいいので、復唱してみてくれる？」
- 質問させる「深く掘り下げて聞きたい点を、3つ質問してみてくれる？」
- 答えさせる「今教えたことについて、私が質問するから答えてくれる？」
- 第三者に説明させる「今教えた内容を、他の人に説明してみてくれる？」

②書かせる

- 記入させる「早速、この帳票に書いてみよう」
- 作成させる「このケースで、提案書をつくってみよう」
- レポートを書かせる「研修で学んだことをレポートで提出してくれる？」
- マニュアルをつくらせる「今後のためにこれをマニュアル化してみよう」

③試しにやらせる

- 練習する「今教えたことを、ちょっとやってみよう」
- ロールプレイングをする「営業役をやってみてくれる？　私がお客様役ね。」

これらができれば、教えた内容が伝わったといえます。

できないことに気づかせる

頭でわかってても、やってみるとできないことは多々あります。頭でっかちで「自分はわかっている」「自分はできる」と思っている人に「あなた本当はできていませんよ」と気づかせることが必要なときもあります。勘違いしている人は、素直に吸収しようとはしてくれませんからね。相手にできないことに気づかせるには、いくつかのやり方があります。

①観察させる……こちらが上手にやっている姿を見せ「あ、自分はこんなふうにできない」と自覚させる方法です。

②指摘する……見せても気づかない人も多くいます。そこで「あなたは、～ができていませんよ」と言ってあげる必要がでてきます。改善点を指摘する、場合によっては叱るということです。

③体感させる……あえて失敗させ本人にできていないことに気づかせます。ある会社では取引先に協力してもらって、新人を意図的に叱ってもらうというやり方をとっています。社外でお客様に叱られるという体験は、本人には強烈なインパクトを与えます。

わからせる〜理解度を確認する

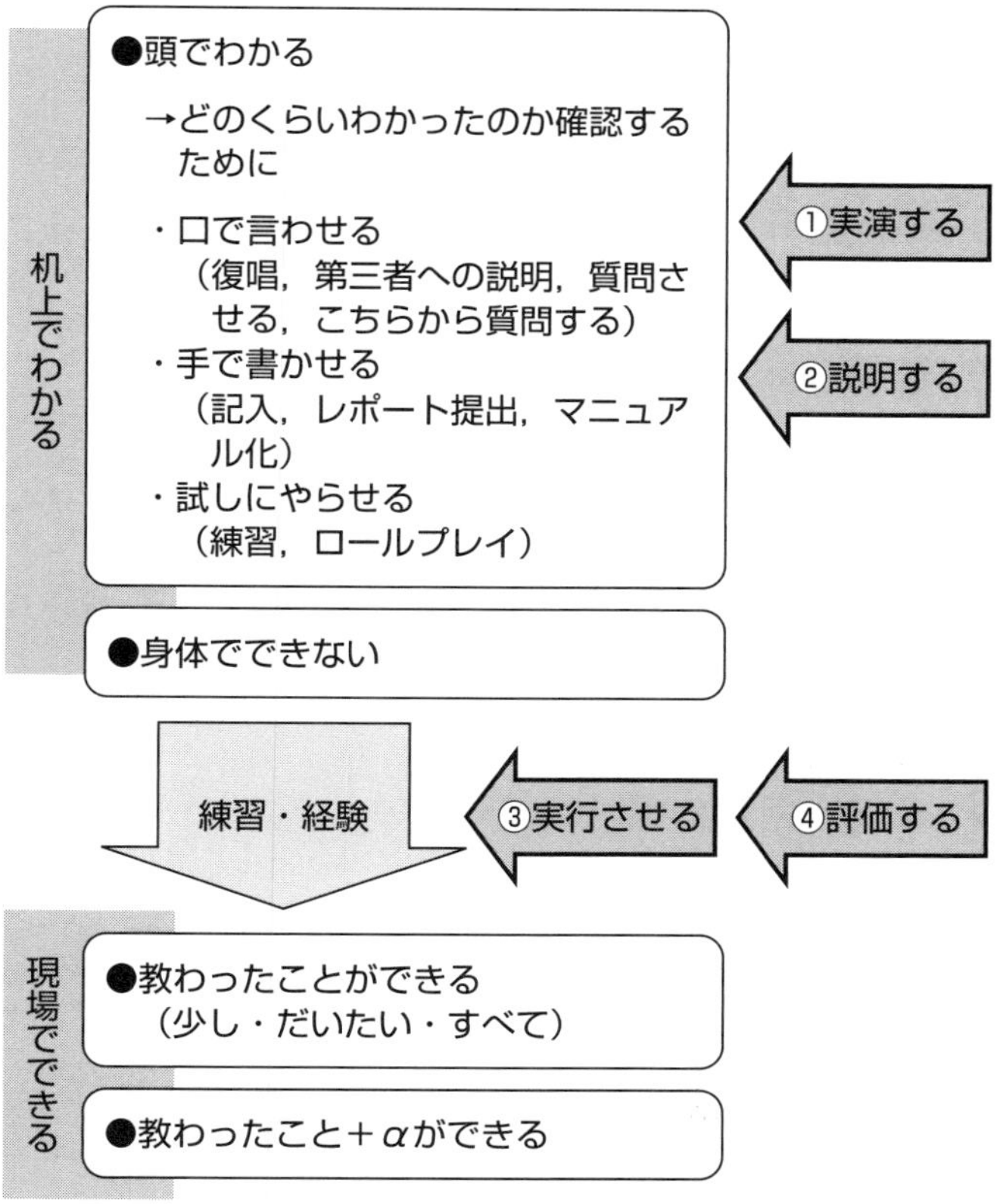
机上でわかる
●頭でわかる
→どのくらいわかったのか確認するために
・口で言わせる
（復唱，第三者への説明，質問させる，こちらから質問する）
・手で書かせる
（記入，レポート提出，マニュアル化）
・試しにやらせる
（練習，ロールプレイ）
①実演する
②説明する
●身体でできない
練習・経験
③実行させる
④評価する
現場でできる
●教わったことができる
（少し・だいたい・すべて）
●教わったこと＋αができる

Good Case

説明する〜言って聞かせる　模範例

ハウスメーカーで、設計の仕事をしている関口さんの下に後輩の吉野さんが入ってきました。いずれは自分と同じように図面が描けるようになってもらう必要があります。図面を描くためには、あるソフトを使いこなす必要があるので、今日はその使い方を教えます。

関口さん：「このソフトって使ったことある？」
吉野さん：「いえ。ただ、○○なら使ったことがあります」
関口さん：「そう。だったら要領さえつかめば使えるわね。じゃあまずはこのマニュアルにざっと目を通してみて、わからないところにチェックを入れてみてくれるかな。そこを重点的に教えるから。あとは使いながら慣れていきましょう」

吉野さん：「はい」

関口さん：「そうしたら、午後一番に時間をとるから、それまでに目を通しておいてくれる？」

午後、再度時間をとります。

関口さん：「わからないところにチェックが入った？」

吉野さん：「はい。ここと、ここと……」

関口さん：「そう……。わかったわ。じゃあ今日は～の3点に絞って見ていきましょう。いきなりいろいろ言ってもわからないでしょうから。それでは、まず～からね」

関口さんが説明を始めます。

Good Case

説明する～言って聞かせる　模範例「解説」

事前に質問を考えさせている

いきなり使い方や細かい点を教えるのではなく、マニュアルを読ませて事前に質問を考えさせているのがよい点です。特にこういうツールの使いこなしに関しては、口頭で説明してもわかりづらいところがありますから、まずは、マニュアルという形で全体像を示したうえで、わからない点を教えていくというのは有効な進め方です。

ただ、マニュアルを読むということに抵抗感をもつ人もいますから、相手を見極めてやる必要があるかもしれません。このケースの場合、似たようなソフトを使ったことがあるということなので、マニュアルを読ませることで理解が深まるという判断をしたのでしょう。

相手がわからない点に答えるという形をとれば、相手も受け入れやすいですし、余計な説明に時間をとられることもなくなります。

すべてを伝えようとしていない

「今日は~の3点に絞って教える」というあたりがよいですね。いきなりいろんなことを、詰め込んで教えても相手は吸収できません。段階を踏んで少しずつ情報を与えるというやり方はよいと思います。

自己裁量の時間を設けている

午後一番までに、という形で、新人に対して時間の裁量を任せています。こうすることで、新人は少しリラックスできますし、その分モチベーションも上がります。ただ単に任せるだけではなく、リミットを設定しているところもよいところです。

教え方の基本ステップ③実行させる〜やらせてみる

本人に言わせる

教え方の基本ステップ「①実演する」と「②説明する」で、頭でわからせたら、次は「③実行させる」で実際にやらせてみます。

まずはどうやってやろうと考えているかを、本人に言わせます。どうやればよいかの情報は「実演する」と「説明する」で提供しているわけですから、考える材料はあります。それをもとに、自分ならどうやるかを考えさせます。手間はかかるかもしれませんが、何かをやらせる前に本人の考えを確認することは大切です。その段階で、どれだけ教えたことを理解しているかがわかりますし、的外れなことをしないよう軌道修正することもできるからです。

ゴールを合意する

やる前に確認しておくべきことは「どこまでやれば合格か？」というゴール（目標）設定です。これがないと、やらせた後の振り返りがうまくいきません。営業であれば、お客様から次回アポを取ることを目標にするとか、製造部門なら時間内の生産量を決めておくなどです。

途中で止めない

基本的に一度やらせたら、最後までやらせます。「見てられないよ！」と途中で手を出したり「ちょっと！　代わりなさい」と自分がやってしまったりしないようにしましょう。それをやってしまうと、いつまでたっても彼らが自分でできなくなります。**よほどのことがない限り、ぐっと我慢して、最後までやらせてみましょう。**

観察する

やらせている時に、その場にいられるならば、彼らの行動をじっくりと観察しましょう。観察の際には、具体的な言動に着目します。接客であれば、お客様に何を言って、どんな立ち位置で話しかけ、どんな手の使い方をしていたのかなど、こと細かに観察します。できればメモをとっておくことをお勧めします。このメモがあとで、コメント（評価）するときに力を発揮します。

気をつけたいのは、**観察に力を入れるあまり、新人を監視するような態度にならないようにすることです。**ただでさえ新人は緊張していますから、まじまじと見られていると、「自分のやり方が間違っているのだろうか？」「自分は信用されていないのだろうか？」と、余計なことを考えてしまい、結果的に間違った判断をしてしまうこともあります。観察はあくまでもさりげなく行いましょう。

報告を受ける

その場で見ることができないときは、後で報告を受けることになるでしょう。そのときは、現場の様子がどうだったのかイメージできるように、彼らに説明させます。おそらく断片的なことしか言えない可能性がありますので、こちらからどんどん質問して状況を把握します。「そのときお客様はどう言ったの？」「あなたは、その後何を言ったの？」「お客様はどんな表情をしていた？」など。報告をさせることで、彼らに現場の追体験をさせることができます。

　報告を受けとるときに重要なのは、事実と主観を聞きわけること、そして、最終的にゴールが達成されたのかどうかを明確にさせることです。

③実行させる〜やらせて見る

	スキル	留意点		トーク例
P	質問	・相手が考える実行内容を確認する		「どうやりますか？」
	説明	・必要があれば補足説明をする		「こうしたらどうですか？」
D	実行	観察する	・具体的言動に着目する ・あとでフィードバックできるように	
		報告を受ける	・事実と主観を聞き分ける ・ゴールが達成されたのかどうか	
C	質問	・本人の評価を聞く		「やってみてどうでしたか？」
		（「④評価する」に続く）		

Good Case

実行させる〜やらせてみる　模範例

営業担当者の斉藤さんが、後輩の清水君の訪問に同行します。

斉藤さん：「今日のお客様とは、2回目の面談だったっけ？」

清水君　：「はい。そうなんですよ。1回目はいい感じに終わったんで」

斉藤さん：「今日は、どんなふうに面談を進めようと思っているの？」

清水君　：「今日はですね……」

清水くんが説明を始めます。

斉藤さん：「そう。いいね。じゃあ、今日は次回訪問のネタを得るのが狙いということでいいね。私は何もしなくていいのかな？」

清水君　：「困ったら助けてください」
斉藤さん：「そうか。じゃあ、お客様に質問されて答えに窮しているようなら口を出すよ。それ以外は、基本的に清水君に任せるから。今日は、君がどんなふうに面談を進めるのかを見るのが主目的だからね」
清水君　：「いやあ、そんなこと言われると緊張しちゃいますよ」
斉藤さん：「大丈夫だよ。できるところまででいいんだからさ」
清水君　：「わかりました。まず自分でできるだけネタを聞き出せるようにがんばってみますので、もしどうしようもなくなったら助けてくださいね」
斉藤さん：「任せておいて」

お客様先の応接室で、清水君とお客様が話しこんでいます。斉藤さんは、隣で頷きながら、話を聞いています。

Good Case

実行させる〜やらせてみる　模範例「解説」

本人にどうやるかを言わせている

まず本人が面談をどう進めようとしているのかを言わせているのがよいですね。

新人は、まず仕事の基本フローを身につけることが先決ですので、内勤が多くなり、どうしても息が詰まりがちです。このケースのように、外出の機会があると気分が開放的になり、目の前の訪問が何を目的とするものなのか、などと考えなくなることもあります。それを防ぐためにも、考えさせることは効果的です。本人にとっても頭の整理になりますし、イメージトレーニングになります。事前に確認することで、必要があれば軌道修正してあげることもできます。

ゴールを合意している

次に「実行する」におけるゴールを明確にしていたのがよい点です。「次回訪問のネタが得られたかどうか」が、今回の実行を評価する際の基準になるわけです。

また、役割分担をきちんとしているのも評価できます。途中で手助けするとしたら、どこなのか「お客様から質問されたとき」と明確にしています。後輩はどうしても先輩に対する依存心がありますから、このように役割分担を明確にすることで、清水くんの「自分でできるところまでやってみよう」という意欲を喚起することができます。

教える側がなぜ同席するのか、その理由をしっかり伝えていたのもよい点です。「清水くんが面談をどのように進めるのかを見たい。だから自分は口を出さない」と暗に言っているわけです。

教え方の基本ステップ④評価する〜よし悪しを伝える

正しいのか間違っているのかを伝える

教え方の基本ステップ「③実行する」とセットになっているのが、「④評価する」です。

評価するといっても、彼らの人格を評価したりだとか人事考課をしたりするという意味ではありません。彼らにやってもらったことが、正しいのか間違っているのか、そのよし悪しを評価し伝えてあげるのです。これがないと、教わる側は迷ってしまいます。「これでいいのか?」「自分のやり方で合っているのか?」私たち教える側の責任として、彼らが「できていること」「できていないこと」をしっかり伝えてあげる必要があるのです。

まず吐き出させる

こちらが何かを言う前に、「やってみてどうだった?」「何か気づいたことある?」と問いかけて、まず本人に言わせます。たいてい、何かを実行した後、人は興奮しています。そういう状態で、こちらからあれこれ言っても、なかなか聞けません。また、やらせてみてすぐこちらからコメントを言ってしまうと「そんなことわかってますよ」「自分でもそう思っています」と素直に受け入れられないものです。ですから、最初に本人の考えや意見を言わせ、吐き出させるのです。**言いたいことが言えれば、その後の私たちの話も受け入れる余地が出てきます。**吐かせた後、こちらの意見を吸わせるのです。

きちんと評価する

基本は、事前に合意したゴールが達成されたかどうかです。ゴールが達成されたとすれば、何がよかったのか。達成されなかったとすれば、何が悪かったのか。そこをコメントします。現場を観察できていたならば、観察メモに基づいてコメントします。「そんなところまで見ていたのか……」と、教わる側が思うくらいだと効果的です。その後、こちらを見る目が変わってきます。

評価基準を移植する

評価の最終目標は、教わる側が自分自身で同じように評価できるようになることです。私たち教える側がどこを見ているのか。その評価基準を、学ぶ側に移植していくのです。そうすれば、自分の仕事のレベルを自分で判断できるようになり、教わる側が自分で自分を伸ばせるようになるのです。

理由と共にほめる

ほめるときは、理由とセットでほめます。「～がよかったですよ！」「～ができるということは、お客様の立場に立って行動しているということですからね」**ただ単に「よかったです」「すごいです」とほめられても、何がよかったのか、なぜすごいのかがわからないと、教わる側は素直に受け入れられません。**「また、この人は適当に言って……」と軽くあしらわれてしまいます。

改善点を指摘する

よい点を伝えた後は、改善点を伝えます。ここで変に遠慮する必要はありません。できていないこと、駄目なことは、はっきり言ってあげないとわからないものですし、言ってあげるのが本人の成長を助けます。「自分も言うほど出来ていないから……」と思ってしまう気持ちもわかりますが、それでも勇気を出して言ってあげましょう。**あなた以外に、彼らに指摘できる人はいません。**ここで、先送りすると、あとで修正するのはますます面倒になります。

④評価する〜よし悪しを伝える

	スキル	留意点		トーク例
C	質問	・本人の評価を聞く		「やってみてどうでしたか？」 「自分ではどう思いますか？」
	説明	よい点	・よい点から先に伝える ・どこがよいのか理由を伝える ・適当にほめない	「〜がよかったですよ！」 「〜ができるということは、お客様の立場に立って行動しているということですからね」
		改善点	・「こうすればもっとよくなる」という意識で伝える ・具体的言動をあげる ・相手の感情に配慮する	「〜という点が改善点ですね」 「〜を違った形でやればもっとよくなると思うんですよ」
A	質問	・次の行動を確認する		「次やるとしたらどうやりますか？」
	説明	的確な案	・行動を促す	「いいですねー！」 「〜をやるということですね」
		的外れな案	・代替案を示す	「〜をした方がよいと思いますよ」

Good Case

評価する～よし悪しを伝える　模範例

企画部門の田口さんの下に後輩の堀越さんが入ってきて数カ月が経ちました。今日はあるプロジェクトに関して、他部署のマネージャーにプレゼンテーションをする日です。

このプレゼンは、今後のプロジェクトの推進をスムーズにするという目的と共に、堀越さんのプレゼンテーションデビューの場としても重要です。プレゼンテーションの組み立てや発表リハーサルなど、この日に向けて2人で準備をしてきました。

プレゼンテーションは無事終了しました。目的であったマネージャーたちの協力依頼も取り付けることができました。

プロジェクター等の片付けを終えた後、田口さんが堀越さんに声をかけます。

田口さん：「よくがんばったね！　よかったよ。今日のプレゼンテーションは。ポイントがとてもわかりやすかった。きちんと目的も達成できたしね！」

堀越さん：「ありがとうございます！　いろいろ助けてくださって」

田口さん：「いやいや、よくがんばったよ。ところで、今後のためにちょっと振り返っておこうか。堀越さんとしては、今回のプレゼンテーションがうまくいった理由は何だと思う？」

堀越さん：「あえて言えば、準備に時間をかけたことではないでしょうか」

田口さん：「なるほど。確かに、今回のような準備はこれからも続けたいね。逆に改善点とかは思い浮かぶ？」

堀越さん：「う～ん、そうですねぇ。ちょっと早口になっていたことかな」

田口さん：「その通りです。私から見ると、改善点は2つあったと思うんですよ。1つは、堀越さんもおっしゃった早口の点。もう1つは……」

田口さんが、改善点を伝えます。

Good Case

評価する～よし悪しを伝える　模範例「解説」

理由と共にほめている

「ポイントがわかりやすかった」と、プレゼンテーションがよかった理由をきちんと説明しています。根拠のない励ましではなく、よい点を明確にすると、教わる側も学びのポイントをつかんでいけることでしょう。

また、ほめた後に、目的も達成できたことにも言及していることにも注意しましょう。人間はほめられると、人の意見を許容しやすくなりますが、同時に「舞い上がってしまう」面もあります。このタイミングで、本来の目的をしっかり言い続ければ「プレゼンテーションはあくまでも目的達成の手段である」という考えが教わる側に伝わり、思考の基本として身につきやすくなります。

本人に成功理由を考えさせている

うまくいった理由を本人に考えさせているのもよい点ですね。理由がわかれば、次回以降も意識して実行することができます。本人があげた成功理由を「その通り」と認めたうえで、さらに繰り返し言ってあげることで、次回以降の行動を強化することができます。

改善点を指摘している

改善点を本人に考えさせたうえで、教える側から見てどうだったかを、しっかり伝えているところが素晴らしいですね。相手に反発されることを恐れて、躊躇《ちゅうちょ》したりせず、「言ってあげることが本人のためになる」と考えているからでしょうね。

有意義感で「やろう!」と思わせる

意義を感じさせる

仕事を教える際には、相手の教わろうとする気持ちや「やってみよう!」という意欲を引き出す必要があります。意欲を引き出す方法のひとつとして「有意義感をもたせる」があります。教わる側が「これはやる価値がある」と感じられるようにするということです。本人が「やる意味ないじゃないか」と思っていることを一生懸命やろうとはしませんからね。

Whyを伝える

有意義感をもたせるには「Ｗｈｙ」（目的・理由）を伝えることが重要です。

何のためにこの仕事をやるのか？　どういう価値があるのか？　これらをきちんと伝えてあげないと、教わる側のやる気は引き出せません。Ｗｈｙを伝えるためにも、その仕事が全体にどう関わっているのか、全体像を理解しておく必要があります。

また、目的さえ明確に伝えておけば、彼ら自身がやり方を工夫することもできます。自ら考え行動できるようにするためには、細かいやり方よりも本質である目的を理解させるほうがよいのです。

仕事に面白味を見出させる

「自分の仕事は、なんの役に立っているんだろう？」――これがわからなくなると、仕事がつまらなくなりやる気が出なくなります。特に、ずっとオフィス内にいて同じ仕事をする事務管理系の業務や、成果が見えづらいルーチン作業に従事している人たちは気をつける必要があります。

仕事に面白味を見出すのは、本人がやるべきことですが、教える側が手助けできることもあります。それは彼らの視野を広げてあげることです。彼らの仕事が、他部署にどう役立っているのか、お客様や社会にどう貢献しているのか。話して聞かせたり、実際に現場を見せたり、お客様に会わせたりなどして、視野を広げてあげるのです。

お客様との接点をつくる

さきほどのケースのように、早い段階でお客様との接点をつくってあげるのもひとつの方法です。従事する仕事に関して、今まで新人自身がユーザーで、お客様としての気持ちもわかっているとは限りません。むしろ「こういう商売もあるんだなあ」と感じることも多いでしょう。このように、**自分のやっている仕事にリアリティーが持てないと、どうしてもやりがいは見出しにくくなります。**

そうならないように、早い段階で、お客様とどう接しているのか、お客様がどう喜んでくださっているのかを見せるのです。無理に直接対面させるだけではありません。お客様カードなどを読ませたりして、生の声に触れさせるだけでもよいのです。

本人のやりたいことと結びつける

今やっている仕事が、自分の将来と結びつかないと考えると、やる気が失せるものです。特に、自分のキャリアプランを明確にもっているような若手の場合、その傾向が強く出ます。長い目で見れば、必ず本人の役に立つと周囲は思っていても、本人はそうは思えないものです。「今この仕事をしている時間がもったいない」と考えてしまうのです。

かといって、教える側が彼らの今後の異動に関与できるケースは少ないでしょう。教える側にできることは、**彼らが将来やろうと考えていることやキャリアプランなどを聞き、それと今の仕事を結びつけて考えられるよう手助けすること**です。実際に、仕事に価値を見出し意味づけをするのは彼ら自身です。私たちが安易に「今こういう仕事をやっておけば将来役に立つよ」と言っても、彼らにしてみれば「またか。何度も言われているよ」と反発するだけです。大事なのは、彼らの将来に配慮しているというこちらの姿勢です。「今、直接手は打てないけど、君が考えていることはわかっているよ」――それが伝わるだけで、多くの若手は満足します。「あの人は、こちらの状況をわかってくれている」と。

達成感で「もっとやろう!」と思わせる

達成感を味わわせる

有意義感を与え「やろう!」と思わせることができたなら、仕事をやらせてみて「達成感」を味わわせます。それがうまくいけば自信につながり「よし! もっとやってみよう!」と思えるようになります。

小さな目標を設定する

達成感を味わわせるためにも「小さな目標」を設定するというやり方があります。いきなり高い目標を与えると「自分にはとても無理」と最初からあきらめてしまい、そもそもの意欲を削いでしまう恐れもあります。精神科医の和田秀樹さんも「やれそうだ」という期待がもてないと人はがんばる気になれないという話をされています。小さな成功体験を積ませることが、大きな自信に変わってくるのです。

少し高めのハードルを設定する

相手によっては、逆に高めの目標を設定するほうが意欲を引き出せる場合もあります。「こんなの簡単すぎて」と思ったら、やる気が出ないということですね。背伸びをして届く「ストレッチ目標」を設定することで、教える相手のやる気を引き出します。**高めの目標を与えるということは、「それだけあなたに期待しているんですよ」というこちらの期待を示すことにもなります。**

相手をよく見る

小さな目標にせよ、高めの目標にせよ、教える相手の性格や能力を、よく見て把握しておかないと設定できません。一般的に「自分なら！」という積極的な人には、高めの目標を、「自分なんか……」という消極的な人には、低めの目標を、と考えられます。

自分をほめる技術を身につけさせる

達成感から「自分ならできる！」という自己信頼感に至らせる有効な方法が「成功記録を残す」というやり方です。本人に「うまくいったこと・自分をほめたくなったこと・周囲からほめられたこと」を、記録に残させることです。どんなに小さなことでもよいので、毎日書かせます。おそらく相手は「そんな書くようなことないですよ」「なんだか気恥ずかしいです」と言ってくると思いますが、それでもやらせましょう。この小さな積み重ねが後で大きな自信となって跳ね返ってきます。

落ち込んだときに、その記録を見返させれば「私ってがんばっている」「俺ってたいしたもんだ！」と自信を取り戻させることができます。自分が成長しているという実感を、この記録を振り返ることでもつことができます。

もちろん、教える側がまめにほめることも必要ですが、小さなことまで目が配れないこともあります。こういう部分を、自分で自分をほめるという行為でフォローするのです。

自分をほめるというのは、一種の技術・能力のようなものです。メンタルヘルス的な面から見ても、自分をほめることが上手になるように、教える側として指導してあげるとよいでしょう。

また、**自分でほめたい内容と、先輩にほめられた内容がぴったり一致したとき、モチベーションアップの効果は測りしれないことも覚えておきましょう。**

一体感をもたせる

周囲と一緒になって仕事を進め、何かを成し遂げた達成感を味わわせるのもひとつの手です。それは、いつも一緒にいる私たちとの仕事でもいいですし、他のメンバーも交えてのものでもいいです。「自分は1人じゃない。皆と一緒にやっているんだ」と考えられれば、めげそうな気持ちを奮い立たせることができます。

たとえば、遅くまで一緒に仕事につきあう、客先まで一緒にお詫びに行く、あるいは、チームとして1つのプロジェクトや企画を推進する、などです。「他の人との関わり」を意図的にとらせることで、意欲を引き出すのです。

自己重要感で「自分がやろう！」と思わせる

自己重要感を満たす

「自分なんか、いてもいなくても同じ」——こう思ってしまったらやる気は出てきません。自分はこの組織において「かけがえのない存在なんだ」と思えなければ、仕事をやろうという意欲は出てきません。本人の自己重要感を満たすことが大切なのです。

期待を示す

人は期待されると期待に応えようとします。心理学ではこれを「ピグマリオン効果」といいます。期待されていると感じれば、人は意気に感じ「よし！　やってやろう！」と思うものです。人から期待されるということは、それだけ自分の存在を認めてくれているということですし、信頼してくれているということです。「ああ、特に期待していないから」「どうせダメでしょう」というふうに言われたら、やろうという気にはなれないですよね。

「あなたにはこういうところを期待している」「君のこういう点が、職場によい影響をもたらしてくれている」と、折を見て言ってあげましょう。照れくさいかもしれませんが、言わないと伝わらないこともあるものです。こういうことを言えるチャンスとしては、目標設定のミーティングや飲み会の場が考えられるでしょう。言われたほうは、こちらが思っている以上に、こういう言葉に喜ぶものです。普段なかなか言われないですからね。

声かけをする

「昨日は遅くまで大変だったね」「あのお客さん、あの後何か反応は？」日常の何気ない声かけも大切です。「あなたのことを気にかけているんですよ」というメッセージになるからです。

また、常に声かけを意識することで、教える相手の言動に気を配ることができます。「ん？　何か様子がおかしいぞ」「困っているみたいだなあ」というサインは、見ようとしないと見えないものです。そんなときに少し話をしたり、相談に乗ってあげたりすれば、大概のことは解決されます。サインを見逃すと、大きな問題になってしまうものです。

ほめて承認する

コーチングの技術である「アクノリッジメント（承認）」も、自己重要感を満たし意欲を引き出す際に有効です。承認のひとつとしての「ほめる」という動作により、相手のやる気を引き出すことができます。組織に属するビジネスパーソンにとって、周囲（特に上司）からほめられることは、モチベーション（意欲）を高めるために重要な要素になります。「自分のことをしっかり見てくれているのか？」「がんばったことを評価してくれているのか？」ほめられることによって、これらの疑問が解消されるのです。

真剣に叱る

相手を真剣に叱ることも、相手の意欲を引き出すことにつながります。叱ることが、「それだけ自分のことを真剣に考えてくれているんだ」と、彼らの自己重要感を満たすことにつながるからです。

叱ることはエネルギーがいることです。言うほうも言われるほうも、一時的に嫌な思いをします。そこまでしても「言うことが相手のためになる」「もっとよくなってほしい」という願いと共に叱る言葉は、相手の心を動かします。どうでもいい人には、そこまでして叱りませんからね。あきらめるだけです。

叱る際には、悪役俳優の片岡五郎さんが著書『「叱る」魔術』で提唱されているように、**事前にシナリオを考えることをお勧めします。**「叱るシナリオ」を考えるということは、その場で感情的に怒るのではなく、少し時間を置いて効果的な叱り方を考えることができるということです。

「叱る目的は何か？」「何に気づいてほしいのか？」「どういう順番で話をもっていったら相手は受け入れやすいか？」――こうしたことを事前によく考えてから叱るのです。

第４章のまとめ

教え方の基本ステップ①実演する～やって見せる
- □ とにかく見せる。難しいときは、部分を提示する
- □ 100％完璧にやろうと思わない
- □ 他人のやっているところを見せるのも効果的

教え方の基本ステップ②説明する～言って聞かせる
- □ 説明の前に、相手の容量（コップの大きさ）を量る
- □ 事前に質問を考えさせておく方法もある
- □ 説明の基本は「Why・What・How」
- □ 一度にすべてを伝えようとしない
- □「確認＋説明＋確認」のセットで考える
- □ 体験させてみて、できないことに気づかせるのが有効なこともある

教え方の基本ステップ③実行させる～やらせてみる
- □ まず、自分ならどうやるかを言わせる
- □ ゴール（目標）を確認し、合意する
- □ なるべく、途中で仕事を取りあげない
- □ やっている最中はできるだけ観察しておく
- □ 報告を受ける際には、事実と主観を聞き分ける

教え方の基本ステップ④評価する～よし悪しを伝える
- □「できていること」「できていないこと」をしっかり伝える
- □ まず本人がどう思ったかを吐き出させる
- □ 評価基準にもとづいてきちんと評価し、よかったところは理由とともにほめる
- □ 改善点はしっかりと指摘する

「三感」を刺激する
- □ 有意義感で、仕事の意義とやりがいを実感させる
- □ 達成感で、自信をもたせ、職場での一体感をもたせる
- □ 自己重要感で、職場での存在意義を実感させる

第5章

相手のタイプによって教え方を変える

人それぞれにベストな教え方は異なります。教える相手のタイプをよく観察して、教え方も変えていきたいものです。本章では職場でよく見られる新人のタイプを挙げ、それぞれに効果的な教え方を解説していきます。

プライドが高い人

まず相手の話を聞く

自分より年上の人や中途採用の経験者、MBAホルダーなど、性格的なものも含めて、プライドが高い人っていますよね。教えようとしても、鼻でくったような対応をされたり「あなたに私を教えられるんですか？」とでもいった態度をとられたりする。こちらもカチンときますが、仕事だから仕方なく教える……反対に、表面では「はい、はい」と話を聞いてはいるものの、一向に行動に反映されない人、このような人も、プライドが邪魔をして、行動を改善できない人です。

彼らは、自分のプライドが拠り所ですから、それを否定しないように気をつけましょう。**こういう人は自分なりの意見をもっていることが多いので、まずは相**

手の話を聞いてあげることです。言いたいことを吐き出させた後で、こちらから話をします。

やらせてみる、やって見せる

うまく相手を乗せプライドを刺激しながら、やらせてみます。うまくやるようなら「さすが！」と認めてあげ、駄目ならそれはそれでチャンスです。本人ができないことに気づいてくれれば、こちらの話を聞き入れてくれる可能性が高いわけですから。

そして、私たちがやって見せるときは、相手が心底敬服できるほど、うまくできるといいですね。プライドが高い人は、自分より能力の高い人の話なら聞こうと思ってくれます。

声かけをする

プライドが高い人は、自分から相談にくることはまれです。なるべくこちらから声をかけていきましょう。

「自分はできる」と勘違いしている人

できないことに気づかせる

「自分はできる」と勘違いしている人もいます。周囲から見ると、まだまだなのに、本人だけは自覚していないというような場合です。

こういう人にまず必要なのは「できないことに気づかせる」ことです。そうしないと、こちらの言うことに聞く耳をもちません。本人はできると思っているわけですから。

体感させる

私たちが許容できる範囲内で、やらせてみて、失敗させます。「自分はまだまだ」

ということを身体で感じてもらうということです。こういう人たちは、自分が困らない限り、教わろうとしません。

指摘する

やらせてみてできていないところを、厳しく指摘します。勘違いしている人の多くは周囲から厳しく言われた経験がありません。自分の言動を軌道修正する機会を逸してしまったのです。だからこそ厳しく指摘してくれる人に、最初は反発するかもしれませんが、後で感謝してくれるケースがほとんどです。

観察させる

やって見せて、力の差を歴然にします。たとえば、顧客対応で失敗した後輩のフォローに同行しその場を収めれば、彼らのこちらを見る目が変わります。

こうして、頭の中での実力評価ではなく、現実を観察させることによって、謙虚な視点を育てるのです。

なかなか質問してこない人

よく見ておく

なかなか質問してこない人もいます。わかっているのかいないのかわからない。「何かわからないことない？」と聞いても「いえ、特にありません」などと答えるような人です。引っ込み思案の人や、おとなしいタイプの人によくありがちですね。周りから見るとイライラするタイプですが、実際には「今先輩に声をかけると迷惑じゃないかな」「何度も同じことを聞くのは申し訳ないな」と、気を遣っている場合が多いのです。

しかし、一見冷静を振る舞っているような人でも、わからないときは、よく見ていると何らかのサインを出しています。キョロキョロとまわりを見たり、職場内を歩きまわったり、本を開いたりといったサインを見たら教えるチャンスです。

「質問しない方が迷惑だ」と伝える

前述のように、「質問すること」「繰り返し聞くこと」を、先輩に対する危害とだと感じ、先輩に迷惑をかけたくないと思っているケースも多いでしょう。そのような場合は、**はっきりと「質問しない方が迷惑だ」と教えてあげましょう。**もちろんそう言った以上、実際に質問されたとき、迷惑そうな顔をするようなことがあってはなりません。

FAQ（よく出る質問）マニュアルをつくらせる

ノートの左側に質問、右側にその回答を書かせます。「あなたの次に入ってくる新人も同じような疑問をもつはずだから、そのとき役立てましょう」と、質問する意義を見出させるのです。「こんなことも知らない」と思われるのが嫌で質問しなかった人が「次の新人のため」という「言い訳」を得ることで、質問しやすくなります。

やる気が見えない人

やる気が外に見えないだけかもしれない

積極性がない、質問してこない、目に力がない、反応がない、何を言ってものれんに腕押し……。こういうタイプの人もいます。

こういう人は外側にやる気を示すのが下手なだけかもしれません。表面的にはやる気が見えなくても、1人でやる作業を与えると黙々と粘り強くやる。そういう人もいます。こういう相手に「がんばれ！　やる気を見せろ！」と言葉だけのはっぱをかけても反発しますので逆効果です。「あいつは駄目だ」と早めに見切りをつけないように気をつけましょう。

小さな成功体験を積ませる

やる気が見えない人は、自分に自信がないという場合もあります。「自分にできそう」と思えないから、意欲を示せない。こういう相手に高い目標設定をしても、それだけで萎縮してしまいます。小さな目標を与え、できたらほめるという繰り返しで自信をつけさせるとよいでしょう。

成功記録をつけさせる

前章で説明した、成功記録をつけさせることをお勧めします。本人に、少しでもうまくいった点・自分をほめたくなった点・周囲からほめられた点を、毎日振り返らせ、記録に残させます。最初は嫌がるかもしれませんが、ほんの少しでもよいので書かせてください。この積み重ねが「自分ならできそう」という自信につながってきます。自信がつけば「あいつがあんなに変わるのか」と思うぐらい変貌してくれます。

同じことを何度も言わせる人

自分の説明が下手なのでは、とまず考える

「またかよ。前に教えただろう……」

何回も同じことを言わせる人もいます。教えているこちらが嫌になるくらい、もの覚えの悪い人もいます。

しかし、このような場合、**相手を責める前にまず振り返るのは、自分の説明力です。**

こちらは伝えたつもりでも、相手に伝わっていない場合、多くは伝える側の説明に問題があります。こちらには自明のことでも、初めて教わる相手にはよくわからないことも多いのです。だから、何度も聞かれるのです。

また、何度も説明が必要になるというのは、メモをしっかりとれていないということも考えられます。これは教える側の説明が早すぎるのかもしれませんし、メモを取ろうとしているときに、せきたてるような態度を相手に感じさせているのかもしれません。説明のスピードも、相手のペースを考慮して調整しましょう。

口頭で復唱させる

「確認＋説明＋確認」をセットにして説明します。まず、今どこまでわかっているのかを確認したうえで説明し、話し終わったら、口頭で復唱させます。「今話したことを、復唱してみて」——時間はかかりますが、効果的です。

共有ノートを作る

教えた内容を記録に残すノートをつくらせます。メモだと、どこで何を言ったか、あとで振り返るのが大変です。お互い1冊のノートを使い、教えた内容を記録していきます。「あ、それは確かノートのこの辺りで教えたと思うよ」と確認できれば、教わる側も「すみません。前も聞きましたよね」と自分の理解不足を認めてくれます。

作業にミスが多い人

最初が肝心。重要度を強く認識させる

作業にミスが多い、書類に誤字脱字が多い、計算に間違いが多い。こういう人はいます。いちいちチェックしないといけないので、こちらの仕事も増えます。

人間は自然に手を抜く生き物です。学生生活や前職で使っていた「手抜き感」を、無意識のうちに使ってしまいがちです。ですからどうしても第三者が手綱を締める役割を担う必要があります。

絶対にミスが許されない仕事を教えるのであれば「これをミスすることで数千人の仕事がストップする」などと、具体的な損害も提示しながら、その仕事の重要性をきちんと説明します。教わる側にとっては、最初はつらいでしょうが「だれもがそう感じ乗り越えてきたこと」と励ましましょう。

そして、書類や計算等なら、提出前に厳重に見直しをさせます。そして、しばらくは手間がかかりますが、教える側もダブルチェックをします。間違っているところは、フィードバックします。ここで重要なのは、**間違った人の人格を否定しないように気をつけることです。**ミスをしたいと思ってミスをしているわけではありません。普通にフィードバックするだけでも、その人の自信は失墜します。それが繰り返されると、本当にやる気をなくしてしまうこともあるのです。そうならないように「一緒に間違いのないものをつくり上げていく」というポーズをしっかりとるように気をつけましょう。

他人の仕事をチェックさせる

自分の仕事のアラは見えなくても、他人の仕事のアラは見えるものです。私たちの資料のチェックを、彼らにやらせてみるのも手です。「君に見てもらってから、上に提出するから」と言えば、責任感の重さからしっかりとチェックをしてくれます。

言ったことしかやらない人

何を期待しているかを伝える

こちらが言ったことしかやらない人もいます。「あれもやっておいてくれた？」「いえ、特に言われませんでしたから」「言われなくても、ついでにやっておいてくれても……」派遣社員など、過剰な要求がしづらい相手もいますが、言ったこと以上をやってもらうためにどうすればよいでしょうか。

まず、このような人に対しては、**こちらが何を期待しているかを明確に伝えることが必要です。**特に若手に対しては、以心伝心は通用しません。言われないとわからないのです。

指示しすぎない。創意工夫の余地を与える

こちらが事細かに指示しすぎたり、チェックが厳しすぎるがために、萎縮してしまったりするケースもあります。いわゆる創意工夫の余地を奪ってしまっているようなケースです。

このような場合は、**「きっちりやるべき作業」「プラスアルファでやっておいてほしい仕事」を明確に提示して、ある程度本人の好きなようにやらせてみます。**言われたことをこなす能力はあるのですから、今度は自身の裁量で仕事ができるよう任せてみるのです。

他の人と組ませる

自分1人でやらせてしまうと、早くできてしまうので、他の人と一緒に仕事をさせます。たとえば、自分の仕事が終われば早く帰ってしまう人もいます。そういう人も、チームを組ませれば、ある程度他の人の仕事もしてくれるものです。

細かいところまで聞いてくる人

質問は受け付けざるを得ない

「なんでいちいちそんな細かいところまで……」と、こちらが嫌になるくらい細部にこだわり聞いてくる人もいます。「もういいよ。とりあえずやっておいてよ」と投げ出したくなるものです。

こういう人に対しては、説明するしかないでしょう。彼らは動く前に得られるだけの情報を得たいのです。熟慮したうえで行動する。検討の余地がないか、最後まで確認する。そういう仕事の進め方をする人ですから、こちらは説明に付き合わざるを得ません。効率よく質問に対応するために、受け付け方の方法に工夫をしてみましょう。

質問はまとめて受け付ける

毎回何かあるたびに質問されると、それに答えるのが嫌になります。質問はある程度まとめてもらったうえで、説明する時間をとります。

今まで教わった内容をマニュアル化させる

こういう人の多くは、文章を書くことを厭《いと》いません。ですから、彼らが質問してきたことや、こちらが答えたことを、マニュアル化させ、次の後輩の育成のために活用します。

説明は的確か？

やはりこの場合も、自分の説明が充分でないことが、何度も疑問をもたせる原因になっている可能性もあります。最初の説明の際に、この人ならどう説明すればよいか、どこまで説明すればよいかなど、説明の準備をしっかりしましょう。

契約社員・派遣社員・パートタイマー

立場が違うことを明確に

最近は、これらの人たちでも、正社員なみの業務を任され、組織に不可欠な存在になっています。しかし、そもそも彼らと正社員では、労働契約の条件が異なることを忘れてはいけません。契約社員は、もともと会社と有期で契約を結んでいます。また派遣社員、パートタイマーは、多くは時間を区切って働いています。おのずと、任せるべき仕事や、その教え方のプロセスも違ってくると思います。

モチベーションの管理が重要

入職したてのこれらの人たちには、比較的定型の仕事を任せるということが少なくありません。そういう仕事を教える場合は、相手の性格を見て、任せる裁量をコントロールするようにします。

人によっては、しっかりした指示さえしてもらえれば、機械的にこなす仕事の方がよいという人もいるでしょう。反対に、いくらか自分に裁量のある仕事を任せてほしいと思う人もいます。それぞれの考えをなるべく早めにつかむように、声をかけたり、話しを聞いたりしましょう。

情報共有をしっかりする

正社員の立場でいると忘れがちなのが、彼らは、職場で情報をインプットする機会が少ないということです。正社員のみが出席する部門会議などがあります。正社員はそれらを念頭に入れて総合的に判断することができるようなケースでも、契約社員、派遣社員らにはその判断の元ソースが入手できていないことも少なくないのです。これは、モチベーションにも影響しますので、なるべく声かけする機会を増やし、できるだけ情報共有するようにしましょう。

年上の新人

年下だという立場は忘れない

中途入社だけでなく、他部門から異動してくるなどといった場合でも、「年上の新人」に仕事を教えるケースは発生します。

年上ですから、多くは業務経験をもっている人が多いと思います。このような人に向かって偉そうな態度には出ないように気をつけましょう。

とはいっても、はじめてやる仕事ですから、いかに年上とはいえ最初はうまくできないこともあります。教えたことがなかなか覚えられず、イライラすることもあるでしょうが、そんなときには「自分は年下である」ということを忘れないように接しましょう。業務経験は自分の方が上であっても、人生経験はその人の方が上なのです。この敬う気持ちをもっていれば、接し方はおのずと違ってくるはずです。

プライドをくすぐる

第3章でも述べたように、仕事を教えるときに相手のプライドをくすぐるのは効果的です。特に新人が年上である場合には、このポイントは覚えておきたいところです。

教わる側にとっては、年下に仕事を教えてもらうというのは気持ちのよいものではないかもしれません。さらに教わったことをなかなか覚えられないような場合は、申し訳ない気持ちと、組織の中での存在意義という点で不安と焦りを感じるものです。

このようなことがないように、その人の経験や強みをもち上げて、プライドをくすぐる工夫をしてみましょう。その人の得意分野について、なにか1つ質問をするだけでもいいのです。それだけで、その人の組織の中での自己重要感は保たれ、新しい仕事もしっかり覚えていこうとするモチベーションが高まるのです。

考えてみよう！

あなたは入社３年目の社員です。この春、１人の新入社員が入社し、来週から自部門に配属されることになりました。あなたは、はじめてＯＪＴを担当します。人事部門、上司からの事前情報は以下の通りです。さて、あなたはどのような手順で指導していきますか？　計画してみましょう。

人事部担当者の声：
「新入社員の中では比較的おとなしい方だったかな。特に率先した発言もなかったし。ただ提出したシートは時間はかかっていたけどかなり丁寧に書けていたよ」

上司の声：
「入社時のあいさつでは、かなり緊張していたみたいよ。パソコン操作はあまり得意ではないって言っていたわ。あ、そうそう、自己紹介で、あなたと同じように旅行が大好きだって言っていたわよ」

第6章

こんなシーンはこう教える
―業務別上手な教え方

新人のタイプと並んで、教える業務のタイプによっても教え方を工夫しなければなりません。本章では職場でよくある業務ごとにどのように工夫し教えればよいのかを解説していきます。

お客様との接し方を教えるとき

事前説明＋実演＋事後説明をセットで

立場を明確にし、面会の目的や達成目標など、状況に応じた事前説明をしたうえで、実演します。こちらがやって見せることで、イメージを描かせます。「あ、ああいうふうに接すればいいんだな」と、具体的にわかります。そして事後にも、行動の意味などを説明します。

時系列で説明する

最初に何を話すべきか、本論ではどんな情報提供と情報収集をすればよいか、終わりをどう結ぶかなど、お客様との接し方を「時系列」で説明します。

ロールプレイングをする

新人に販売員役とお客様役の両方をやらせます。まずは、私たちが販売員役となり、彼らをお客様役にして、ロールプレイングを行います。彼らは売った経験はなくても、ものを買った経験はあるので、お客様役のほうがやりやすいのです。そこでお客様の立場に立つと、どういうふうに接客されるとよいのかを体感してもらうのです。

次に、彼ら自身が販売員としてお客様に接する役をします。ここで、実際にやる難しさを感じることでしょう。

評価する

彼らのロールプレイを見て、よかった点と改善点を指摘します。最初ですから、おそらく改善点のほうが多いと思いますが、**よい点も何とか見つけてあげましょう。**改善点を指摘する際は、具体的な言動を挙げて言ってあげることと「お客様から見たらどう思う?」という判断基準を与えてあげることです。何を基準に考えればよいかがわかれば、自分で考えることができるようになります。

同行訪問をするとき

まず、お客様と自分との「立場」を説明する

まずやることは、お客様と自分（自社）の立場を説明することです。他社に比べて自社がより有利な位置にいるのか、この商談は絶対に外せないのかそうでもないのかなど。それに応じて、接客や応対の方法も展開も異なってきます。

そのうえで、同行訪問前の職場でのミーティングや移動時間中に、同行訪問の進め方を確認します。今回の同行訪問は「やって見せる」「やらせてみる」どちらなのかを、まずはっきりさせます。そのうえで同行訪問の目的、ゴールや役割分担を明確にします。「やって見せる」ならば、どこを見てほしいのか課題を明示し「やらせてみる」なら、本人に面談の進め方を言わせます。どちらにしても、同行訪問の前におおまかな進め方のイメージを、相手に抱かせます。

こちらがやって見せるときは、できれば模範例を。やらせてみるならば、途中で介入せず、本人に任せてみます。

同行訪問後の評価

同行訪問では、終わったあとの振り返りが大事です。「見てみてどうだった?」「やってみてどうだった?」まずは本人に言わせます。一通り言わせた後、こちらからの補足説明や評価を伝えます。やらせた後ならば、ここでよし悪しを伝えるのが大切です。それがないと、自分がやったことがよかったのか間違っていたのかわかりません。評価を伝える際は、よかった点から伝えて改善点を指摘します。その方が、本人も受け入れやすいですからね。伝える際は、本人がとった具体的言動とよし悪しの理由を教えてあげます。なぜよいのか、なぜだめなのかがわかれば、本人が判断し行動できるようになるからです。

電話対応の仕方を教えるとき

実演する

これもまずはやって見せて、横で聞かせるのが最初です。そうしないと、どうやればよいかのイメージがわきませんからね。

電話マニュアルを本人につくらせる

会社支給のマニュアルもあるかもしれませんが、それはあくまで参考にします。自分で書いてつくるマニュアルは、血肉が通い、その人の今後の宝になります。既存のマニュアルや、こちらの説明を参考に、本人に電話対応のフロー（流れ）を書かせます。そのうえで何を話せばよいか、気をつけるべき点はなど、自分で書き込ませます。いろんなケースが起こるたび、そのマニュアルに書き足させていきます。

「1人ロールプレイング」をさせる

声を出す練習をしないで、いきなり電話をかけたり受けたりすると、よい声が出せません。たとえば、お客様へのアポとりの電話をかけるときなどは、事前に机に向かって「1人ロールプレイング」をさせます。何回かやっているうちに、声も滑らかになり「これならアポがとれそう」と肯定的な気持ちにもなります。その勢いで電話をさせるのです。

指摘する

実際に電話対応をやらせてみて、気づいたときに指摘します。指摘するときは「よかった点」と「改善点」をセットにすることを忘れないようにしましょう。

クレーム対応のとき

いい加減な対応を絶対に見せない

クレーム対応のスタンスを新人に見せるのは、会社のお客様に対するスタンスを表明しているようなものです。いくら身内同士だからといって、ミスや不具合を肯定するような態度や、クレームを言ってきているお客様を非難するような態度を新人に見せることは絶対に避けましょう。先輩のそういった最初のスタンスを見て、後輩の今後の考え方も形成されていくと言っても過言ではありません。

やって見せる

最初のうちは、私たちが「やって見せる」が中心になります。ここで「やらせてみる」を使うと、こちらにはそんな気がなくても「結局やりたくないんだ」「逃げている」と思われ、不信感を抱かれてしまいます。クレーム対応時こそ、逃げない姿勢でお客様に対応する。その姿勢を見せて、後輩、部下からの信頼を強固なものにするのです。

教えるチャンス

クレーム時は、実は教えるチャンスです。本人も困っていますので聞く耳をもちます。また、お客様が怒っているとするならば、その原因は何か、過去を振り返ることもできます。

そして、**新人が主として対応するクレームには、教える側は事が解決するまでとことん付き合いましょう。**残業になるかもしれませんがこれは仕方のないことです。ここでも質問型コミュニケーションを生かして、解決策を一緒に考えつつ、仕事の進め方の基本を教えていきます。こうして信頼関係を強化できれば、その後教えるのがなお一層スムーズになります。

商品知識を教えるとき

アウトプット重視

教え方が下手な人にありがちなのが、商品カタログやパンフレットに書いてあることを読んで説明するやり方です。これはある意味時間の無駄です。なぜなら商品カタログやパンフレットに書いてあることを読んで聞かされても、新人にはちんぷんかんぷんだからです。教えた方は、読んで聞かせることで「説明の義務」を果たしたと思う人が多いのですが、相手に伝わっていなければ意味がありません。

商品知識を何のために学ぶのか？　多くはお客様に説明するために必要となるでしょう。だとすれば、お客様に説明することを前提に、商品知識の勉強をさせることが重要です。たとえば、お客様が抱く疑問「ひとことで言ってどんな商品なの？」「買うメリットは何？」に答えられるよう情報をインプットするのです。それらの質問を頭に入れたうえで、事前に読み込ませます。教える場では、それらの質問に答えさせたり、こちらから補足説明をしたりする時間とします。

他社商品との比較

「他と何が違うの？」他社商品との比較こそ、お客様が聞きたい部分です。そして、この部分の知識が新人にはなく、多くの会社パンフレットには書かれていない情報なのです。この部分を、私たちが教えてあげるのです。

内向きの商品知識も合わせて

商品知識は、「商品の効能」だけではありません。職場内で、その商品がどういう位置づけなのか、新商品なのか、もう古くなってもうじきモデルチェンジが必要とされるのか、そういった社内での戦略面での位置づけも合わせて教える必要があります。つまり、**商品知識で「仕事のつながり」を教えるのです。**

PC操作を教えるとき

FAQ（よく出る質問）マニュアルをつくっておく

ＰＣ操作に関する質問は、職場でもっとも頻繁に行われる質問のひとつです。最初の数回は問題ないかもしれませんが、基本中の基本まで何度も繰り返し聞かれると、はっきり言って時間のロスにつながります。

しかし、日常的に用いられる操作はある程度限られますので、これらを想定して事前に簡単なマニュアルをつくっておくと便利です。新人にはそれを見せ、実際にやってみて不都合な部分が発生したら、今度は新人にマニュアルを改訂してもらいます。こうすることで新人に役割もでき、次回入ってくる新人に活用できるので一石二鳥です。

ヘルプ機能を活用させる

聞くほうにしたら「人に聞いた方が早い」と思うかもしれませんが、毎回答えさせられるほうは大変です。たいていのパソコンソフトには「ヘルプ機能」が付いていています。それを使って、疑問を解消する方法を教えてあげるのです。問題解決をしてしまうのではなく、問題解決の手段を教えるということですね。

他の人に教えてもらう

質問が苦手な新人のために、ＰＣ操作に関する質問を活用する方法もあります。**自分で操作方法はわかっていても「あの人に聞いてみてごらん」と質問する第三者を指定してあげるのです。**ＰＣに関する質問は聞きやすい質問です。新人が職場の他のメンバーと接する機会を用いて、コミュニケーションのきっかけにしてあげるということです。

提案書や企画書の書き方を教えるとき

フレームワーク（枠組み）を教える

提案書や企画書を組み立てるために必要なフレームワーク（枠組み）を教えます。どういう情報が必要なのか、誰が見るのか、どういう順番で示すのか、それはなぜか。そういう大枠を教えるのです。

多くの場合、職場には企画書のフォーマットがあるでしょう。このフォーマットの一つひとつの項目について、その意味と必要要件を教えます。

過去の提案書や企画書を読み込ませる

自分も含む先輩たちがどういう提案書をつくってきたのか、うまくいった事例、失敗した事例を含めて教えます。フレームワークにどういう情報が盛り込まれているのか？　成功、失敗要因は何か？　過去の提案書や企画書は、新人にとって宝の山です。

新人に空き時間ができて、何かをやらせる必要があるときは、こういった社内の宝（過去の提案書や企画書）に目を通させるのも手です。忙しくなってくると、なかなかそういう時間がとれないですからね。

自分でドラフト（草案）を書かせる

本人に提案書や企画書のドラフト（草案）を書かせてみます。そのうえで、私たちがチェックをして必要があれば修正します。大事なのは、修正する理由です。前述のフレームワークとリンクさせて、なぜ修正した方がよいのかをしっかり説明しましょう。赤ペンで修正を入れる際は注意が必要です。プライドが高い人ほど、文章に赤字を入れられるのを嫌がります。子ども扱いされているような印象や、自分を否定されたような印象をもつからです。

プレゼンテーション準備をさせるとき

ターゲット（聞き手と目的）を明確にする

プレゼンテーションを組み立てる際に重要なのは、聞き手と目的です。誰に対して、何のために行うプレゼンテーションなのか？　多くは、聞き手に何かの行動を期待してプレゼンを行うことが多いでしょう。例えば、商品購入や協力の快諾など。新人は、このターゲットを不明確にしたまま、プレゼンテーション準備に入ってしまうことが多いのです。

情報整理を手伝う

提案書や企画書と同じように、プレゼンテーションにもフレームワーク（枠組み）があります。その枠組みを教えたうえで、そこにはめ込む情報を手に入れる手伝いをします。**新人の多くは、どこにどんな情報があるのかを知らないことが多いのです。**情報のありかと獲得の仕方を彼らに教え、あとは枠組みにはめ込ませます。そうすれば、次回以降、自分でプレゼンを組み立てることができます。

発表リハーサルに付き合う

複数の人たちの前で行うプレゼンは緊張するものです。特に新人ならそうでしょう。しっかりと内容を組み立てたならば、あとはリハーサルをして口に出す練習をさせましょう。いくら頭の中でわかっていても、紙に書いても、パワーポイントの資料があっても、本番で話すとうまくいかないものです。内容がよいのなら、あとは伝え方です。新人には、準備と練習の大切さを教えてあげましょう。

巻末資料　新人のモチベーションを上げるフレーズ集

第4章で解説した教え方の基本フレームワークの中で、特に「三感」を補強するためのフレーズをまとめました。ここに紹介するもの以外にも、さまざまなシーンが考えられますが、ポイントは、「あなたの能力に期待しています」という点と、「あなたを信じて、努力をちゃんと見ています」という点です。この2つが相手に伝わるように、フレーズに工夫を凝らしましょう。

■新人に対する職場の期待感を示す

「課長がね、君の出社を心待ちにしていたよ。もう、かなり前からね」

「担当してもらう仕事はしっかり決まっているはずだよ。早くそこまでになってくれるとうれしいな」

「退職した人の後任がなかなか決まらなくてねえ。ずいぶん探したみたいだけど、いい人がなかなかいなくて。で、やっと探し当てたのが、君ってわけだ」

■新人の経験を尊重してプライドをくすぐる

「学生時代はアルバイトに精を出してたんだって？　じゃあその経験は今の仕事と共通点がありそう？」

「前職は法人営業が中心だったの？　うちにはおそらく経験者がいないから、僕らに気づかない点がいっぱい見えてるんじゃない？」

■比較的ハードな仕事を任せる

「これは少々きつい作業だけど、これができたらもう仕事は8割方終わったようなものだから、がんばって！」

「君ならできると思うけど、もし難しそうだったら遠慮せずに声かけてね」

「うちの職場でもうまくできる人は限られているけど、うまくいったら……すごいね」

■一段落のタイミングでリラックスさせる

「どう？　根詰めてやっているから疲れるでしょ？　一息入れてもいいよ」

「クレーム応対お疲れ様でした！　大変だったけど、これでお客様が喜んでくれるといいね」

■よいパフォーマンスをほめる

「よし！　ばっちりだね。説明したことをちゃんと守ってくれていて、うれしいよ！」

「初めてでここまでできる人は、なかなかいないよ。いい筋してるよ」

「時間はかかったけどきっちりやってくれたね。こういう仕事の進め方をする人は、きっと信頼されるよ」

■教えたことを守らなかった点について指摘する

「私も軽重をつけて説明すればよかったんだけど……。このポイントは、説明した項目のなかでも特に重要なところなんだよね。ごめんね。今度からは絶対に気をつけて」

「この点は確か説明しているときに、ノートに書きとめていたはずだよ。『あ、しっかり書いているな』って思っていたから。後で確認してみてね」

「きっとなにか意味があってやらなかったんだよね？　不都合な面があったら、早めに言ってくれればこちらも対応できるから、今度から気をつけてね」

おわりに

この本でお伝えしたかったことは、次の3つです。

本人が学ぶことを手助けする

教える際に大事なのは「伝えることよりも、伝わることを」です。いくらやって見せ、言って聞かせても、本人に残らなければ意味がありません。私たちができることは、本人が学ぶことを手助けするだけです。相手が学びやすいようにいろいろと工夫する。教え上手は、学ばせ上手なのです。

私たちが教える相手は大人です。子供に対するような教え方はするべきではありません。大人を相手に教える場合、キーワードは「尊重」です。この本では「～させる」という言葉を、意識的に使ってきましたが、本来は「～してもらう」という感覚が大事です。本人に、考えてもらう、学んでもらうのです。

自ら考え行動できる人を育てる

新人の多くは「正解を教えてもらえる」日本の学校教育の中で過ごしてきています。しかし、ビジネスの世界は違います。待っていても答えは教えてもらえません。自ら考え行動することが求められます。だからこそ、彼ら自身が考えて行動できるような教え方が必要なのです。

教えることで学ぶ

多くの方が実感しているように、人に教えることで一番学ぶのは自分です。「教え」や「学び」に関して、絶対の正解はありません。こういう本を書いている私自身も、日々試行錯誤を繰り返しています。人に教えるという現場に携わっていることで、自分自身が学ばせてもらっているのです。お互い、人に教えるというこの機会を、自分が学び成長するチャンスとしましょう！

謝辞

まず、この本を書くのにインタビューをさせて頂いた多くの方に感謝の意を表します。お忙しい中ご協力頂いた皆さんのお力なくして、今回の本は生まれませんでした。本当にありがとうございます。

「教え上手になる！　研修」にご参加くださった皆さん、ありがとうございます。皆さんの意見から多くのヒントを頂いております。

仕事でお世話になっている各社の人事教育担当者の皆さん、本当にありがとうございます。皆さんに共通する「人が好き」という姿勢から学ぶことが多いです。日経ビジネススクールセミナー企画担当の山本真理さん、一緒に企画した「ＯＪＴ担当者研修」で参加者の皆さんから得たヒントは多かったです。本当にありがとうございます。駒野洋さん、貴重なお話ありがとうございます。原科さん、小川さん、いつもありがとうございます。

今回で２冊目となる、日本能率協会マネジメントセンター出版情報本部、編集担当の桑田篤さん、いつもありがとうございます。桑田さんの鋭い指摘とアドバイスで、大きな気づきを得ています。1冊目の『仕事の覚え方』も、今回の『仕事の教え方』も、桑田さんとの二人三脚でつくりました。本当にありがとうございます。

現役で仕事をしている母さん、現場での仕事の教え方に関する情報ありがとうございます。この本を書いて、工場で人のマネジメントをしていた頃の父さんの姿が思い浮かびました。ありがとうございます。

妻の律子さん、今回もいろいろと協力してくれてありがとう。締め切り前の数日間は、子供を連れて外に出てくれてありがとう。大変だったでしょう。今回は締め切り間際に風邪もひかず、元気に邪魔してくれた舞郁と彩乃、ありがとう。日々学び成長していく君たちと関われるお父ちゃんは幸せ者です。

最後まで読んでくださりありがとうございます！お互い学んでいきましょう！

参考文献

○『モチベーション』松井賚夫著、ダイヤモンド社

○『モチベーション』デイビッド・C・マクレランド著、生産性出版

○『学ぶ意欲の心理学』市川伸一著、PHP新書

○『部下のやる気を2倍にする法』和田秀樹他著、ダイヤモンド社

○『OJTと組織開発』清水勤著、総合労働研究所

○『成功するOJTの秘訣』小橋邦彦著、日経連

○『OJTの問題解決』加藤孝一著、生産性出版

○『これからのOJT』寺澤弘忠著、PHPビジネス新書

○『技能伝承の上手な進め方Q&A60』高原昭男著、日刊工業新聞社

○『相手がわかるように教える技術』戸田昭直著、中経出版

○『「教え上手」になるためのスキル』市毛恵子著、あさ出版

○『齋藤孝の相手を伸ばす！教え力』齋藤孝著、宝島社

○『どうしたら「たくましさ」を育てられるか』小西重康著、産能大学出版部

○『教え上手になる！』関根雅泰著、クロスメディアパブリッシング

○『コーチングのプロが教える「ほめる」技術』鈴木義幸著、日本実業出版社
○『「叱る」魔術』片岡五郎著、日本実業出版社
○『上司が「鬼」とならねば部下は動かず』染谷和巳著、プレジデント社
○『仕事の教え方』多湖輝著、ごま書房
○『今すぐ使える！コーチング』播摩早苗著、ＰＨＰビジネス新書
○『コーチングの技術』ヒューマンバリュー編、オーエス出版社
○『コーチングの教科書』本間正人著、自由国民社
○『「社内メンター」が会社を変える』小野達郎、同文館出版
○『最高のリーダー、マネージャーがいつも考えているたったひとつのこと』
マーカス・バッキンガム著、日本経済新聞社
○『今どきの若者は…使える！』船川治郎著、明日香出版社
○『若者はなぜ3年で辞めるのか？』城繁幸著、光文社新書
○『早く一人前になるための仕事の覚え方』関根雅泰著、
日本能率協会マネジメントセンター
○『相川周一郎の仕事術』ホームページ　http://s-aikawa.com/

著者プロフィール

関根雅泰（せきね　まさひろ）

埼玉県生まれ。

高校卒業と同時に渡米し、奨学金を得ながら1995年に州立南ミシシッピー大学を優秀学生として卒業。専攻は文化人類学（考古学・言語学）と国際関係学（政治・歴史）。1996年に帰国して学習教材の訪問販売会社に営業職として就職。1999年に企業内教育コンサルティング会社に転職、最年少講師としてデビュー。

2005年に「学び上手・教え上手」を育成するラーンウェルを設立、代表に就任。日経ビジネススクールの講師としても活躍中。

おもな研修テーマは、「新入社員向け学び上手になる！研修」「ＯＪＴ担当者向け教え上手になる！研修」「セミナー講師向け参加型セミナーの企画運営メソッド」「知的営業のコミュニケーション術」など。

著書に『早く一人前になるための仕事の覚え方』（日本能率協会マネジメントセンター）、『教え上手になる！大人を相手の教え方』『営業に役立つコミュニケーションのポイント』（以上、クロスメディアパブリッシング）がある。

ホームページ:http://www.learn-well.com

仕事の基本
これだけはおさえておきたい　仕事の教え方

2007年3月1日　初版第1刷発行
2012年1月20日　第7刷発行

著　者――関根雅泰

発行者――長谷川隆
発行所――日本能率協会マネジメントセンター
〒105 - 8520 東京都港区東新橋1-9-2 汐留住友ビル24階
TEL　03(6253)8014（編集）/03(6253)8012（販売）
FAX　03(3572)3503（編集）/03(3572)3515（販売）
http://www.jmam.co.jp

装　丁――モウリマサト
本文DTP――メイテック
印刷所――三松堂株式会社
製本所――株式会社三森製本所

ISBN978-4-8207-1697-6 C 2034
落丁・乱丁はおとりかえします。
PRINTED IN JAPAN